새 길을 연 사람들

새 길을 연 사람들

인류사에 창조적인 길을 개척하다

손석춘 지음

어른의시간

대학에서 만나는 20대들이 언뜻언뜻 이런 질문을 던진다.

"어떻게 살아야 하나?"

그들은 질문과 동시에 어색한 미소를 지으며 스스로 답한다. "잘 모르겠다"고. 오래전에 정년퇴임을 한 80대 노교수도 솔직하게 말했다. 삶이란 정말이지 모르겠노라고.

어떤 길을 어떻게 걸어가야 할지 고심하는 이들과 대화하며 이 책은 시작되었다. 어떻게 살 것인가, 기실 그 오래된 물음에 정답은 없다. 만일 정답이 있다면, 인류에게 큰 불행이 아닐까. 인류의 모든 구성원이 똑같은 방식으로 살아간다면, 그때 개개인의 인생은 무슨 의미가 있겠는가. '인생이란 무엇인가' 또한 정답이 있을 수 없다. 아니, 정답이 있어서는 안 된다.

프랑스의 사상가 장 폴 사르트르는 "인생은 B와 D 사이의 C"라고 말했다. 출생(Birth)과 죽음(Death) 사이의 선택(Choice)이라는 의미다. 프랑스를 대표하던 지식인이 그렇게 말한 까닭은 주체적으로 살아가라는 말을 동시대인들에게 새겨 주고 싶어서였다. 인생을 선택이라고 할 때, 들머리에서 제기한 문제는 여전히 남는다.

'어떻게 선택할 것인가. 어떤 길을 어떻게 선택할 것인가?'

이 책은 길을 찾는 이들에게 인생은 선택이라고 답하지 않는다. 인생은 '창조'라고 말한다. 삶이 창조임을, 지금 이 순간도 스스로 자신의 인생을 창조해 가고 있다는 사실을 가슴에 새겨놓기를 바라면서 덧붙인다. 인생은 출생과 죽음 사이에 '창조(Creation)'이다.

무엇을 어떻게 창조할 것인가. 그 물음에도 정답은 없다. 만일 정답을 얻는다면, 그것은 이미 '창조'가 아니다. 바로 그래서 우리보다 앞서 창조적으로 인생을 살았던 사람들의 삶을 '음미'하며 그들과 소통할 필요가 있다. 그들이 삶을 새롭게 열어간 길을 짚어 보고 그 길에 담긴 의미를 새겨보는 일은 이미 자신의 삶을 창조하는 과정이다. 이 책에 실린 인물들의 삶을 앞으로 독자가 열어갈 새 길에 꽃으로 뿌린다.

2016년
손석춘

차례

새 길은
길을 잃었을 때
열린다

생의 어느 순간, 길을 잃었다는 먹먹함과 누구나 직면하게 마련이다. 그 순간이 10대에게는 충격으로 닥칠 수 있고, 80대에게는 은밀하게 다가올 수 있다.

길을 잃었다는 느낌은 좌절과 고통을 동반한다. 하지만 바로 그 순간이 새 길을 열 수 있는 전환점이다. 무릇 지금까지 걸어온 길은 낯익다. 하지만 더는 그 길을 걸어가고 싶지 않을 때, 걸어온 길을 찬찬히 돌아보고 주체적으로 새로운 삶을 살고 싶을 때, 비로소 창조적인 길이 열린다. 그 순간에 나이는 중요하지 않다. 40~50대라고 하더라도 앞으로 40~50년 삶의 길을 더 걸어갈 수 있다. 하물며 10대와 2030세대라면 더 이를 나위 없다.

오히려 중요한 것은 다른 사람과의 커뮤니케이션, 소통이다. 어느 한 사람이 독불장군으로 걸어간다고 새 길이 열린 사례는 없다. 가령 '숲 속의 길'만 보더라도 그렇다. 누군가 숲에 오솔길을 애면글면 내더라도 사람들이 그 길을 걷지 않으면, 얼마 지나지 않아 잡초가 시나브로 우거지며 길은 사라진다. 누군가 낸 길로 많은 사람들이 걸어갈 때, 비로소 새 길이 된다. 오솔길은 사라질 수도 한길이 될 수도 있다.

따라서 새 길을 내고 싶은 사람은 자신이 딛고 있는 발밑부터 정확히 파악해야 한다. 자신과 같은 시대를 살아가고 있는 사람들이 살아가는 현실을 전혀 모르고 낸 길은 묻힐 수밖에 없다. 아무도 그 길을 걸어가지 않기 때문이다.

이를테면 젊은이들의 객관적 조건을 무시한 채, 기성세대가 뜬구름 잡듯이 길을 제시한다면, 길은 고사하고 한낱 훈계, 더 나아가서는 '꼰대질'에 머물 수 있다. 그렇다고 '헬 조선'이라는 젊은이들의 자조에 적극 동조할 뜻은 없다. '헬 조선'이라고 비판하는 현실을 몰라서가 아니다. '아프니까 청춘'이라는 기성세대의 충고 따위에 동의할 수 없듯이, '지옥 대한민국'의 담론에 동의하지 않는 이유는 취업과 결혼·출산을 포기하는 청춘의 현실을 격분이나 풍자만으로 넘어설 수 없기 때문이다. 왜 삶이 '지옥'이 되었는지에 지적 성찰과 개념적 인식 없이 현실은 바뀌지 않는다. 새삼스런 말이지만, 삶은 그리 만만한 대상이 아니다. 오히려 바로 그렇기에 삶은 살 만한 가치가 있지 않을까.

20세기 전반기를 제국주의 식민지로 보내고 후반기를 분단으로 보낸 우리는 21세기에 들어서서도 지난 세기의 질곡을 벗어나지 못하고 있다. 남과 북 모두 기형적인 분단국가로 성장하면서 한국 사회는 전근대와 근대, 탈근대의 문제들이 중첩되어 있다.

하지만 여기에도 세계사적 시야가 필요하다. 우리 시대에 한국 인들만 삶이 힘겨운 것은 아니기 때문이다. 21세기 인류는 세계사적 으로 전환점을 맞고 있다. 그럼에도 20세기처럼 인류가 나아갈 길을 명확하게 제시하는 사상은 선뜻 보이지 않는다. 새로운 길은 열리지 않고 있다. 물론, 누군가 이미 새 길을 열었음에도 아직 많은 사람들 이 알지 못하는 상황일 수 있다.

21세기의 첫 해인 2001년 9월 세계무역센터빌딩은 테러로 무너 져 내렸다. 2008년 9월에는 그곳에서 금융위기가 발발했다. 그 결과 세계자본주의 체제는 장기침체기를 맞았다.

"낡은 것은 죽어 가는데 새로운 것은 아직 태어나지 않은 상황." 일찍이 안토니오 그람시가 규정한 '위기'다. 그 상황은 기회일 수 있 기에 '위기의 다른 말은 기회'라는 상투적 풀이도 가능하다. 하지만 굳이 '위기'로 부른 까닭은 낡은 것이 현실을 꼭뒤 누를 가능성이 높 아서이다. 실제로 그람시는 상황을 서술한 바로 다음에 위기가 깊어 갈 뿐만 아니라 "병적 징후가 출현한다"고 경고했다.

인류의 역사를 통해 인생과 세상을 새롭게 본 눈, 새롭게 연 길 을 톺아보는 온고지신의 성찰이 절실한 이유가 여기 있다. 낡은 틀 에 갇히거나 병적인 삶을 내내 이어갈 수는 없기 때문이나. 그만큼 '새로운 탄생'은 절박하다.

이 책은 현실에 두 발을 딛고 새로운 길을 용기 있게 열어간 20여 명을 불러온다. 가장 오래전 사람 붓다로부터 2,500여 년에 이르는 장구한 시간대에서 21세기 지구촌 사람들에게 강력한 영향을 끼치면서 앞으로도 영감을 줄 사람들을 엄선했다.

'지금 여기'서 출발하자는 뜻에서 새 길을 연 '첫 사람'으로 녹두 장군 전봉준을 '초대'했다. 민중운동을 대창작한 전봉준에게 21세기의 창작 방향을 묻고 싶어서다. 전봉준의 120주기를 맞아 이 책을 기획한 까닭이기도 하다. 전봉준에 이어 다른 사람들로 이어질 때마다 들머리에 '징검다리'를 놓았다. 하지만 반드시 순서대로 읽을 필요는 없다. 독자가 알고 싶은 사람을 먼저 읽어도 무방하다.

인류가 걸어온 기나긴 여정에서 새 길을 연 사람들을 20여 명으로 선정하는 일은 무리일 수 있다. 실제로 이 책에 담지 못했지만 새로운 전환점을 마련하고 길을 연 사람들이 적지 않을 터이다. 이 책에서 제시한 사람뿐이라 고집할 뜻도 전혀 없다. 하지만 21세기 전반기를 살아가며 새 길을 개척하려는 사람에게 이 책에 등장하는 사람이 열어간 새 길은 음미할 가치가 충분하다.

먼저 세계적 종교를 연 붓다, 예수, 무함마드 세 사람을 선정했다. 각각 600년 남짓 시차를 두고 태어난 세 사람은 '성인'으로 추앙받을 정도로 뭇사람의 삶을 오늘날에도 깊숙이 틀 지우고 있다. 흔히 기독교와 이슬람교 인구에 비해 불교 인구가 적다고 생각하지만, 그것은 중국의 광범위한 불교 인구를 소극적으로 추산한 통계에 지나지 않는다. 중국의 불교 인구를 온전히 더할 때 세계 종교 인구 분포는 사뭇 달라진다. 붓다와 예수, 불교와 기독교의 소통은 문명사가 토인비가 예견했듯이 새로운 문명을 열어가는 길에 상상력을 불러일으킨다. 기독교와 이슬람교 사이에 갈등은 여전히 엄중하다. 예수와 무함마드가 연 새 길을 톺아보면, 기독교인이든 이슬람교인이든 오늘의 갈등이 얼마나 큰 배교인가를 새삼 깨달을 수 있다.

세계적 '성인'들에 이어 모든 것을 돈의 가치에 종속시키는 자본주의 체제에서 혁명의 길을 개척한 사람들을 살펴보았다. 마르크스와 레닌, 그람시가 그들이다. 마르크스는 영국 공영방송BBC이 서기 2000년을 앞두고 조사한 '지난 1,000년 동안 인류에 가장 영향을 끼친 사상가' 1위로 꼽혔다. 레닌은 세계 최초로 노동 계급 혁명을 현실로 내온 혁명가이자 사상가다. 그람시는 마르크스와 레닌에 견주기는 어렵지만, 유럽의 혁명가로서 '헤게모니'와 '진지전' 개념을 제안하며 가로막힌 혁명의 돌파구를 찾았다.

레닌이 연 혁명의 길을 크게 수정한 사람으로 고르바초프와 덩샤오핑, 차베스가 있다. 세 사람은 20세기 종반기에 각각 소련과 중국, 베네수엘라에서 최고 권력을 거머쥐고 자신의 길을 현실로 구현해나갔다. 세 사람이 이룬 성과는 사뭇 다르지만, 그 길은 새 길을 열어가려는 사람들에게 풍부한 경험을 안겨 주었다. 혁명 활동을 실제로 벌이지 않았지만, 자본주의를 넘어선 사회를 지지하고 새 길을 제안한 사람들로 과학자 아인슈타인과 철학자 마르쿠제의 길을 짚었다.

노동 계급 혁명과는 다른 방법으로 인류 문명의 새로운 길을 연 사람들도 있다. 노자와 소로는 혁명이 일어나기 이전 사람으로 물질 문명을 정면으로 비판했다. 20세기에는 간디와 헬렌 니어링이 그 연장선에 있다. 밀과 니체는 민주주의의 깊이를 새롭게 깨우쳐 주었다. 복지국가의 길을 개척한 스웨덴의 엘란데르와 21세기 가톨릭의 새 길을 제시한 교황 프란치스코의 삶은 언제나 감동을 준다.

이 땅에서 살아가며 새 길을 연 사람으로는 전봉준에 앞선 허균과 20세기의 박헌영, 조소앙을 꼽았다. 마지막 사람은 네티즌, 21세기 민중이다. 조금 더 구체적으로 말하자면 네티즌 가운데 새 길을 열어갈 사람이다. 이 책은 바로 그 사람을 기다리는 주문이다.

앞으로 새 길을 열어갈 사람이 학습하고 다른 사람들과 더불어 소통할 수 있도록 인물들을 소개한 각 장마다 세 가지 문제를 제시해 두었다. 네티즌들 사이에 온라인이나 오프라인의 학습토론자료, 또는 대학 교양과목에서 활용되고 소통될 수 있도록 구성했다.

무릇 '새로운 탄생'은 출산의 고통을 동반할 수밖에 없다. 인류 사에 새 길을 연 사람들을 낳은 진통의 산실로 성큼 들어가 보자.

01

고통에 잠긴 민중을 위한 혁명전쟁을 벌이다

전봉준

全琫準
1855~1895
조선 말기 동학농민운동 지도자

1895년 1월 5일 형형한 눈빛의 사내가 서울로 압송됐다. 조선 농민군의 총사령관 전봉준이다. 그는 미덥던 부하의 밀고로 잡혔을 때 살천스레 몰매를 당해 걸음을 옮기기조차 어려웠다. 들것에 실려 일본군의 삼엄한 호송 아래 서울로 들어서던 그날 전봉준은 어떤 생각을 했을까. 1년 전, 고부에서 죽창을 높이 들었을 때 이미 죽음을 각오했겠지만, 일본군 손에 사형장까지 끌려오리라고는 상상도 못했을 터다.

농민군이 치켜든 깃발

■ 전주성 함락으로 호남을 평정한 전봉준은 동학농민군의 기세를

몰아 서울까지 진격해 조선 왕조에 새 길을 열겠노라 결기를 세웠다. 전봉준과 그를 '녹두장군'이라 연호하던 농민군이 치켜든 깃발에 새긴 글자들은 그들이 열고자 한 세상의 이정표였다.

'제폭구민除暴救民, 보국안민輔國安民, 광제창생廣濟蒼生.'

'제폭구민'은 폭정을 제거해 민중을 구하자는 뜻으로 당시 탐관오리를 겨냥한 말이다. 탐관오리의 사전적 의미는 "탐욕 많고 옳지 못한 일을 일삼는 권력자들"이다. 권력을 쥔 자들의 탐욕과 부정은 뿌리 깊다. 단순한 정치권력만이 아니다. 정치와 경제적 이해관계는 떼려야 뗄 수 없을 만큼 강하게 연결되어 있다. 농민군이 일어났을 당시 폭정이 토지에 기반 두었다면, 오늘날의 폭정은 자본에 근거하고 있다. 자본의 탐욕과 부정은 지금도 폭력적이다. 골목상권까지 문어발 뻗는 대기업, 헌법에 명문화된 노동3권을 유린하며 무노조 경영을 자부하는 자본, 노동자에 야구방망이 휘두르거나 제멋대로 여객기 회항시키고 정리해고를 대량으로 저지르는 작태는 제폭구민의 현재적 의미를 실감케 해 준다.

'보국안민'은 동학을 제창한 최제우가 강조했듯이 '나라를 어려움에서 구해내고 백성을 편하게 하자'는 뜻이다. 당시 나라의 어려움은 서양의 무력 압박이었다. 그는 서양의 강한 무력의 정신적 바탕은 서학이라고 판단해 동학을 제안했다. 동학농민이 혁명전쟁을 시작하면서 보국안민은 '나라를 바로잡고 민중을 편안하게 한다'는 뜻으로 소통되었다. 서학에 근거한 침탈에 맞서 민중을 편안케 하려는 120년 전 농민군의 뜻은 오늘날에도 새롭다. 미국과 영국에서 발화한 신자유주의 체제가 온 세계로 퍼져 가면서 한국의 정치·경제까지 틀 지웠기 때문이다. 모든 걸 시장의 자유, 자본의 자유 아래 두는 오늘날의 체제에서 불안에 사로잡힌 비정규직 노동자, 농민, 영세 자영업인, 청년실업자들에게 '안민'은 절실하다.

'광제창생'은 제폭구민으로 내부 폭정에, 보국안민으로 외세에 맞선 농민군의 또 다른 깃발이다. 구민과 안민의 목표가 모두 녹아든 '고통에 잠긴 민중을 널리 구제한다'는 뜻이다. 온고지신으로 해석하면 한국만이 아니라 지구촌의 모든 민중을 구제하자는 뜻으로 확장할 수 있다. 실제로 최제우는 광제창생을 주창하며 "하늘 아래 모든 세상에 진리를 전함으로써 고통에 잠긴 민중을 구제하겠다"는 포부를 천명했다.

이러한 '제폭구민, 보국안민, 광제창생'이라는 웅숭깊은 목표를 내건 혁명전쟁은 당시 집권 세력이 불러온 외세의 개입으로 참담하게 무너졌다.

전주성이 함락당하자 당황한 민비는 청나라에 구원을 요청했다. 조정에서 농민군의 요구를 받아들이자는 의견이 적지 않았지만, 민비가 가장 반대했다. 농민군이 대원군과 내통한다는 정보를 받은 민비는 자칫 권력을 잃을 위기라고 판단했다. 지배 세력은 타국에 원병을 청하면서 "우리나라 전라도 관할에 있는 태인, 고부 등 고을에 사는 백성들은 습성이 사납고 성질이 교활해서 평소에 다스리기 어

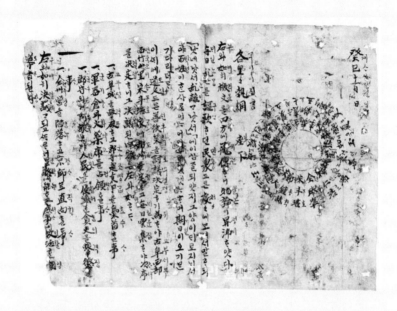

동학농민혁명 당시 사발통문

1893년 전봉준을 비롯한 20여 명이 작성한 통신문이다. 주모자가 드러나지 않도록 관련된 사람들의 이름을 사발 모양으로 썼다. 동학 접주 전봉준 등이 일으킨 동학농민혁명은 부패한 집권세력과 외세에 맞서 아래로부터 일어난 19세기 조선 민중운동의 정점이었다.

렵다"고 썼다. 민중의 정당한 분노를 지역감정으로 호도하는 지배 세력의 못된 버릇은 두 갑자가 흐른 지금까지 나아지지 않았다.

청군이 들어오자 일본군 또한 갑신정변 이후 청나라와 맺은 텐진조약(조선에 변란이나 중대사건이 일어나서 청, 일 어느 한쪽이 파병할 경우에는 그 사실을 상대방에게 알릴 것을 주요 내용으로 한다.)에 근거해 인천에 상륙했다. 갑신정변에서 청에 밀린 뒤 10년 동안 이를 갈며 전쟁을 준비해 온 일본은 절호의 기회라고 판단했다.

일본은 청을 기습하는 한편, 경복궁을 포위하고 '개화파 친일내각'을 세웠다. 개화파 내각은 일본군에 농민군 학살의 작전권을 넘겨주었다. 일본군은 조선의 관군이 보유하지 못했던 신식 무기로 무장하고 이참에 반일 세력을 섬멸하겠다는 전략을 세웠다.

사실 19세기 중반까지만 해도 서양 문명은 세계를 지배할 수 없었다. 당대의 패권국 영국은 1838년 아프가니스탄을 침략했다가 5,000여 명이 전사하며 패주했고, 식민지 인도에서도 1857년 세포이항쟁 때 2,000명이 죽었다. 하지만 자본주의가 기관총을 개발하면서 상황은 급반전했다. 1898년 수단의 국왕이 5만여 명을 이끌고 전장에 나섰을 때 기관총으로 무장한 영국군은 겨우 47명만 전사하면서 상대를 도륙할 수 있었다.

마음을 바로 한 자의 일치단결

— 반외세를 내건 동학농민군 10만 명이 일본군 1,900명과 결전을

벌인 공주 우금티에서 일본군의 미제 기관총은 쉼 없이 불 뿜었다. 관군 2,500여 명 또한 학살에 가담했다. 죽창과 화승총으로 침략자들에 맞선 농민군들의 피가 강물을 이루며 흘렀다. 일본군은 흩어진 농민군을 끝까지 추격해 섬멸에 나섰다. 조선 통치에 걸림돌을 모두 뽑아 버리겠다는 전략이었다.

서울로 압송된 전봉준은 남산 아래 일본영사관에서 심문을 받았다. 유일하게 전하는 전봉준 사진은 압송 장면으로 회자됐지만 실은 수감되는 장면이다.

전봉준이 처음 심문받을 때부터 교수형 당할 때까지 낱낱이 지켜본 집행총순執行總巡은 이렇게 증언했다.

"풍문으로 듣던 말보다 훨씬 돋보였다. 외모부터 천인만인의 특으로 뛰어난 인물이었다. 청수한 얼굴과 정채 있는 미목으로 엄정한 기상과 강장한 심지는 세상을 놀랠 만한 대위인, 대영걸이었다. 과연 그는 평지돌출로 일어서서 조선의 민중운동을 대규모로 대창작으로 한 자이고, 컴컴한 시대 민중의 선구자 되어 세상을 진동시킨 자이고, 약자의 동무 되어 강적을 대항한 자이고 불평등부자유의 세상을 고쳐 대평등대자유의 세상을 만들고자 한 자로 죽을 때까지 그의 뜻을 굴치 아니한 자이다."

재판 기록을 보면 전봉준은 "동학을 몹시 좋아하는가"라는 물음에 "수심경천지도守心敬天之道이므로 몹시 좋아했다"고 답했다. 〈도쿄 아사히신문〉에 보도된 '전봉준 회견기 및 취조기록'에서도 "(동학의)

전봉준의 재판 심문 기록〈전봉준공초〉

전봉준이 재판 과정에서 심문한 내용을 기록한 것으로 그의 사상과 동학농민혁명의 성격을 이해할 수 있는 중요한 기록물이다. 일본 측에서는 동학농민혁명과 동학에 입도한 의도, 그리고 흥선대원군과의 관계에 대해 전봉준에게 집중 추궁하고 있다.

어떠한 것에 감동"했느냐는 질문에 "보국안민이라는 동학당의 주의에 감동하고 있던 바, 그중에 '경천수심'이라는 문장이 있는데, '대체정심'이라고 하는 것에 감동해서 입당했다"고 답한다. 전봉준은 "정심은 동학당에 한한 것이 아니다. 무엇인가 달리 너의 입당을 재촉한 이유가 없는가?"라는 이어진 물음에도 "단지 마음을 바로 한다는 것뿐이라면 물론 동학당에 들어갈 필요가 없지만, 동학당의 경천수심이라는 주의에서 생각할 때는 정심 외에 '협동일치'의 뜻을 포함하고 있기 때문에 결당하는 것의 중요함을 본다. 마음을 바로한 자의 일치는 간악한 관리를 없애고 보국안민의 업을 이룰 수 있기 때문"이라고 밝혔다.

혁명가 전봉준이 감동한 동학의 사상은 하늘을 우러르고 마음을 바르게 지킨다는 경천수심敬天守心, 어떤 일이든 근본은 마음을 바르게 하는 것이라는 대체정심大體正心이었다. 전봉준은 마음을 바로 한 사람들의 협동, 단결이야말로 위업을 이룰 수 있다고 생각했다. 전봉준의 그 판단은 120년이 지난 오늘날의 진보운동에 울림을 준다. 전봉준이 거사 전에 자신의 일을 '학구學究'로 표현한 대목도 흥미롭다. 재판 과정에서 자신은 아무 피해가 없었다며 다음과 같이 반문했다.

"학구로 업을 삼아 전답이라 하는 것이 3두락밖에 없어 아침저녁으로 죽밖에 먹지 못하는데 빼앗길 것이 무엇이 있겠는가?"

전봉준은 동학의 경천수심에 끌려 마음을 바로잡는 공부를 했을 뿐만 아니라, 다산 정약용의 실학 사상과 경세 이념까지 학습했다는 연구 결과가 나오고 있다.

『강진읍지』에 따르면 농민전쟁이 끝난 뒤 관군은 "다산의 비결이 전녹두 일파의 비적을 선동하였다고 하여 정다산의 유배지 부근의 민가와 고성사·백련사·대둔사 등 사찰들을 수색"했다고 한다. 다산이 귀양 가서 개혁안을 담은 책을 썼던 곳이 강진이라는 사실을 감안하면 당시 동학 접주들 사이에 다산이 남긴 작품들이 소통되었을 가능성은 높다. 실제로 전봉준과 농민혁명군이 주장한 토지균작은 다산의 토지개혁론과 이어진다. 실학의 개혁안을 학습하고 동학의 경천수심으로 마음을 다스린 전봉준은 청수한 얼굴, 정채 있는 미목으로 민중 앞에 나타났을 것이다. 스스로 동학의 접주로서 농민들의 신뢰를 받았기에 강력한 혁명군을 구성할 수 있지 않았을까.

일본영사관의 심문 과정에서 전봉준은 일본으로 탈출시켜 주겠다는 회유를 받았다. 하지만 단호히 거부했다. 그리고 1895년 4월 24일 처형을 앞두고 시 「운명」을 남겼다.

시래천지개동력時來天地皆同力
운거영웅부자모運去英雄不自謀
애민정의아무실愛民正義我無失
위국단심수유지愛國丹心誰有知

때 만나 하늘과 땅이 모두 힘을 모았지만

수감되는 전봉준

일본 경찰에 붙잡혀 일본영사관에서 고문을 받고 수감되는 모습이다. 체포될 때 혹독한 몰매
를 맞고 모진 심문과 고문을 당해 만신창이가 된 상황에서도 형형한 눈빛은 그가 전장에서 포
효할 때 어떤 형상이었을까를 상상케 해준다. 전봉준은 1895년 교수형으로 생을 마감했다.

운 다하니 영웅도 어찌할 수 없노라

민중사랑 올바른 길이 무슨 허물인가

나라 위한 붉은 마음 그 누가 알까

전봉준이 처형당한 뒤 채 다섯 달도 지나지 않아, 외세를 끌어들여 정권을 지키려 한 민비 또한 일본 낭인들에게 비참한 최후를 맞았다.

온몸으로 평등과 자주를 꿈꾸다

▬ 역사에서 가정은 허망하다고 말하지만 상상력까지 의미 없는 것은 아니다. 만일 조선 왕조가 청나라에 원병을 요청하지 않았다면? 그랬다면 일본군이 들어올 명분도 없었다. 톈진조약 이후 조선은 얼마든지 청나라와 일본 사이에 등거리 외교를 벌여 나갈 여지가 있었다. 또한 청나라와 일본군의 출병이 없었다면 전봉준은 서울에 입성했을 가능성이 높다. 그가 심문 과정에서 밝혔듯이 전봉준과 농민군이 합의제 정부를 출범시켰다면, 조선 왕조는 입헌군주국으로 자주적 발전의 길을 걷지 않았을까. 더구나 개화파와 농민혁명군이 손잡았다면 우리 역사는 사뭇 달라졌을 터다. 식민지의 노예적 삶도, 동족상잔과 분단의 고통도 겪을 이유가 없었을 것이다.

사실 전봉준은 개화파 정권의 정부군에 마지막까지 협동을 촉구했다. 우금티 결전을 앞두고 전봉준은 관군을 이끈 박제순에게 편지를 보냈다.

"일본의 도둑들이 군대를 움직여 우리 임금을 핍박하고 우리 백성을 걱정스럽게 하니 어찌 참는단 말인가. 임진왜란의 원수를 초야에 있는 필부나 어린애까지도 그 울분을 참지 못하고 기억하고 있는데 하물며 조정의 녹을 먹는 충신이니 우리 무지렁이들보다 몇 배 더 하지 않겠는가!"

그가 힘을 모으자고 간곡히 당부했지만 박제순은 일본공사에 충성을 다하며 학살에 앞장섰고 10년 뒤 을사오적의 하나로 활동한다.

우금티 패배 후에도 전봉준은 다시 조선 관군들에게 편지를 써서 "조선끼리 서로 싸우자 하는 바 아니거늘 이와 같이 골육이 서로 싸우니 어찌 애달프지 아니하리오!"라고 개탄한 뒤 "조선이 왜국이 되지 아니케 하고 동심협력해서" 적을 물리치자고 호소했다. 허나 개화파 관군의 답장은 인정사정없는 학살로 돌아왔다.

전봉준이 온몸으로 연 길, 제폭구민과 보국안민을 현대어로 바꾸면 평등과 자주에 가까울 것이다. 분단되어 강대국의 논리에 휘둘리고 탐욕적인 자본주의가 민중의 생존권을 꼭뒤 누르고 있는 상황은 전봉준이 연 길을 다시 성찰하게 한다.

당시에는 보국안민과 제폭구민의 깃발 아래에는 경천수심으로 거듭난 민중이 있었다. 그렇기에 '민중운동의 대창작'이 가능했다. 그렇다면 그날의 민중은, 그날의 개화파는 과연 오늘날의 누구일까?

새길을
여는
사유

— 제폭구민, 보국안민, 광제창생은 21세기에 어떤 의미가
있을까?

— 당시에는 경천수심으로 거듭난 민중이 있었다. 그렇기에
'민중운동의 대창작'이 가능했다. 그렇다면 오늘날의 민
중은 무엇으로 거듭나야 할까?

— 전봉준이 살아 있다면 지금 무엇을 할까?

••••••• 더 읽어 볼 만한 책

『녹두 전봉준 평전』, 김삼웅 저, 시대의 창, 2013
『당신을 위한 국가는 없다』, 박노자 저, 한겨레출판, 2012
『전봉준 혁명의 기록』, 이이화 저, 생각정원, 2014
『동학사』, 오지영 저, 박영사, 1990
『전봉준과 동학농민혁명』, 조광환 저, 살림터, 2014

02

계급의 해방을 주장한
천 년이 빚은 사상가

카를 마르크스

Karl Heinrich Marx
1818 ~ 1883
독일의 경제학자 · 정치학자

전봉준이 서세동점西勢東漸 앞에서 갈피를 잡지 못하는 조선 왕조에 환멸을 느낄 때, 유라시아 대륙의 반대쪽에서는 한 유대인이 그 '서세'를 바꾸는 새 길을 열고 있었다. 그와 전봉준은 지상에서 30년 남짓 같은 시간대에 머물렀지만 19세기 공간에서는 소통이 불가능했다. 전봉준이 처형당하기 12년 전, 그는 런던의 서재에서 눈을 감았다. 그때 평생의 동지는 장례식에서 다음과 같이 그를 기렸다.

"무엇보다 그는 위대한 혁명가였다. 증오의 대상이 되어 극단적인 비방과 모략에 시달렸던 그는 이제 수백만 노동자들의 사랑과 존경, 애도 속에 눈을 감았다."

그는 바로 카를 마르크스이다. 영국 공영방송[BBC]이 새 천년을 앞
둔 1999년 '지난 1,000년 동안 인류에 가장 영향을 끼친 사상가'를
물은 설문조사에서 마르크스는 1위에 꼽혔다.

노동 계급의 지적 발전을 강조하다

— '천 년이 빚은 사상가' 마르크스이지만 대다수 한국인에게는 거
북하거나 낯선 사람이다. 그런데 2014년 지구촌에 열풍을 일으킨
토마 피케티의 『21세기 자본』(글항아리)은 거꾸로 마르크스의 『자본
론』이 얼마나 중요한 책인가를 웅변하고 있다.

마르크스는 비단 자본주의에 대한 과학적 분석에서만 빼어난 것
이 아니었다. 그가 남긴 다음 글은 현대인이 인생을 살아가는 데 필
수인 직업 선택에 신선한 상상력을 불러일으킨다.

> "직업을 선택할 때 주요한 기준은 인류의 행복과 자기완성이다. 두
> 가지는 서로 엇갈리거나 적대적이어서 한쪽이 다른 쪽을 배제한다는
> 식으로 생각해서는 안 된다. 사람은 자신과 같은 시대를 살아가는 사
> 람들의 삶을 향상시키고 그들의 행복을 위해 일해야 비로소 자기완
> 성을 이룰 수 있다. 그것이 사람의 본성이다. 만일 사람이 자신만을
> 위해 일한다면 설령 저명한 학자나 훌륭한 현자 혹은 뛰어난 시인이
> 될 수 있을지는 모른다. 하지만 결코 진정으로 완성된 위대한 인간이
> 될 수는 없다."

마르크스는 직업을 통해 체험하는 것이 "비열하고 보잘것없는 이기적 기쁨"일 수는 없다고 강조한다. 오늘날 한국인들이 자신의 직업에서 느끼는 감정과 비교해 볼 만하다. 이 글은 놀랍게도 마르크스가 고등학교 졸업 때 '직업 선택에 대한 한 젊은이의 사색'이란 제목으로 제출한 글이다. 삶을 의미 있게 만드는 건 권력도, 돈도 아니고 자기완성이라는 생각은 누구나 할 수 있다. 다만 고등학생 마르크스의 이어진 글에서 훗날 '천 년이 빚은 사상'의 실마리를 발견할 수 있다. 그는 직업을 선택할 수 있다는 것은 사람이 다른 동물보다 뛰어난 큰 차이점이라면서 "그러나 우리는 자신의 천직이라고 믿는 직업을 꼭 선택할 수 있다고 할 수 없다. 한 사회에서 우리가 직업을 결정할 수 있기 전에 이미 어느 정도 정해져 있다"고 날카롭게 분석했다.

직업을 자유롭게 선택할 수 없는 동물적 삶, 바로 그게 마르크스가 해부한 자본주의 체제 아래 대다수 사람의 운명이었다. 그럼 현대인의 운명은 거기서 얼마나 벗어나 있을까. 오늘날 누가 비정규직 노동자를, 대졸 백수를, 대졸과 임금 차이가 큰 고졸 노동자를 선택하겠는가.

급진적 혁명가들과 대립하다

■ 마르크스가 사람의 '노동'에 창조적 의미를 새로 부여한 것도, 그 노동을 소외시키고 착취하는 '자본'에 대해 평생 연구하며 비판한 것

도 인류 개개인의 자기완성을 높이는 데 있었다. 마르크스는 철학박사 학위를 받았지만, 정부가 사상 검증을 일상적으로 벌이던 시기였기에 교수의 길이 막히고 말았다. 결국 그가 선택한 직업은 기자였다. 하지만 정부는 그가 몸담은 신문마저 폐간시켰다. 주목할 것은 그 어려운 상황에서도 마르크스가 냉정을 잃지 않았다는 점이다.

1848년 유명한 '코뮌주의 선언The Communist Manifesto(적실한 번역어에 대해 여러 논의가 있다. 기존의 번역이 원뜻을 살리지 못하는 것은 분명하기에 일단 '코뮌주의'로 옮긴다.)'을 내놓은 마르크스는 당장 혁명을 일으키자는 사람들을 경멸했다. '연약한 민주주의 혁명'을 방어하는 데도 허덕이는 상황에서 노동자공화국을 세우자고 선동하는 사람들을 무책임하다고 비판했다. 마르크스는 노동자들이 스스로 역사적 과제를 깨닫게 해야 옳다고 판단했다. 노동자 의식이 높아지지 않으면 아무것도 이룰 수 없기 때문이다.

1848년 혁명이 패배했을 때 마르크스는 좌절하지 않았다. "패배한 것은 혁명이 아니다. 패배한 것은, 혁명세력이 버리지 못했던 인물이나 환상, 관념, 계획"이라고 명토 박았다. 마르크스의 태도에 분개한 혁명가들 가운데 하나가 그의 면전에서 "우리가 당신 꽁무니만 따라다니면 대체 언제 혁명을 할 수 있겠나"라고 비아냥거렸다. 마르크스는 자본가들의 체제는 '천의 머리를 가진 괴물 뱀'이기에 하나의 머리를 잘라낼 때마다 새 머리가 불쑥불쑥 솟아나온다고 답했다. 이어 발 딛고 있는 현실을 움직이는 법칙을 부정할 때, 역사는

1848년 3월 베를린에서 전개된 혁명의 모습

1848년 2월 프랑스에서 시작된 혁명은 독일을 비롯한 전 유럽으로 퍼진 반봉건적 민중운동이었다. 이 혁명으로 독일에서는 독일 통일을 지향하는 프랑크푸르트 국민의회가 개최되었으나 결국 반동체제의 성립으로 실패로 끝났다.

우리를 무자비하게 내동댕이치고 짓밟을 것이라고 경고했다.

 '혁명의 연금술'을 공공연하게 들먹이며 행동에 나설 것을 부르대온 혁명가들에게 마르크스는 눈엣가시였다. 하지만 마르크스는 이상주의와 선을 그으면서 "그들은 실제적 조건을 도외시한 채 순수의지를 혁명의 원동력으로 간주한다"고 비판했다. 그들이 노동자들에게 곧장 권력을 쟁취해야 한다고 부추길 때, 마르크스는 "단순히 여러분의 여건을 개선하기 위해서가 아니라 스스로를 변화시키고 정치적 권력을 분담하기 위해 수십 년간의 내란과 국제전쟁을 겪어야 한다"고 강조했다. 즉각 투쟁을 중시한 사람들은 마르크스가 노동자들을 교육하는 강사이기를 자처했다며 비아냥댔다.

 급진적 혁명가들과 싸우며 노동 계급의 지적 발전을 강조한 마르크스는 사랑으로 자본주의 사회를 바꾸자는 사람들과도 싸워야 했다. 유대계 독일 철학자인 헤스를 비롯해 '진정한 사회주의'를 내건 사람들은 인간을 사회적 동물세계에 살고 있는 사회적 맹수로 보고 "맹수가 피에서 자신의 고유한 삶을 즐기듯이 인간은 화폐에서 자신의 삶을 즐긴다"고 비판했다. 그들은 이기주의자들이 자유경쟁이라는 이름하에 만인에 대한 만인의 투쟁을 벌이고 있으므로 우리가 파멸되지 않으려면 사랑의 윤리학이 필요하다고 주장했다. 헤스는 "만약 사랑과 이성의 소리에 귀 기울이지 않는다면" 지금보다 백배의 생산력이라도 외려 더 많은 노동자를 빈곤하게 만들 것이고 "자본의 축석에 몰두하는 소수인들"은 과소비에 도취되고 과도한 향유에 빠질 것이라고 전망했다.

마르크스는 단호했다. '진정한 사회주의'가 계급투쟁을 거부하고 노동 계급의 이해 대신에 인간 본질, 인간 일반을 부각한다고 비판했다. 그들이 말하는 인간은 어떤 계급에도 속하지 않고 현실에 속하지 않는, 철학적 환상 속에나 존재하는 인간이다. 마르크스가 보기에 '진정한 사회주의'는 결국 독일의 현실 정치에서 반동적인 성격을 가질 수밖에 없다. 21세기인 지금도 계급투쟁을 불온시하면서 사랑을 설파하는 휴머니스트들은 없는지 톺아볼 일이다.

마르크스는 현실을 과학적으로 인식한 노동자들의 조직을 강조했고 실천에도 나섰다. 1864년 제1인터내셔널(국제노동자협회)이 창설될 때, 마르크스는 정신적 지주였다. 제1인터내셔널의 강령과 헌장을 마련할 위원회가 구성되고 여러 초안이 제출되었으나 마르크스가 풍부한 언론계 경험을 밑절미로 강령과 헌장을 기초했다. 제1인터내셔널의 명성이 높아가고 영향력도 커지면서 마르크스를 비판하는 사람도 곰비임비 나타났다. 1867년 영국에서 선거법 개정으로 노동 계급의 참정권이 보장되고 정치참여 폭이 넓어지자 자유당과 제휴해 실질적 성과를 얻어낼 수 있다고 주장한 노동조합 지도자들은 마르크스가 그 길이 옳지 못하다고 비판하자 격렬하게 비난했다. 그들이 오른쪽에서의 안티라면, 왼쪽에서는 바쿠닌이 주도하는 무정부주의자들이 마르크스를 권위적이고 노동 계급에 대한 1인 지배체제를 꿈꾸는 교만한 유대인으로 살천스레 비난했다. 결국 제1

인터내셔널은 시나브로 힘을 잃고 미국으로 옮겨 간 뒤 해체 수순을 밟았다.

노동 계급의 해방을 위해

■ 마르크스는 혁명의 성공을 살아 목격하지는 못했다. 고향 트리어의 명문 귀족가문 딸로 사교계의 여왕이라 불리던 예니가 그와 결혼해 평생 곤궁 속에 지내다가 암으로 숨진 뒤 1년 만에 마르크스도 눈을 감았다. 직접적 사인은 폐렴이지만 이미 만성기관지염을 비롯해 뭇 질병을 앓고 있었다.

마르크스는 변호사의 아들로 태어났고 귀족의 딸과 결혼했기에 그가 조금만 현실과 타협했다면 호의호식하며 인생을 살았을 가능성이 높다. 기실 당대 대다수 지식인이 그 길을 걸었다. 예니 오빠만 하더라도 프로이센 장관으로 출세 길을 달렸다. 하지만 마르크스는 경제적 궁핍을 감수하며 새 길을 열었다. 사교계 여왕 예니가 마르크스에 매혹된 이유도 그가 인류애로 충만했기 때문은 아닐까.

앞에서 소개한 고등학생 마르크스의 글은 이미 그가 어떤 길을 개척해 갈 것인지 예고해 주었다. 그는 인생 대부분을 자본주의 체제를 연구하고 새로운 사회를 구상하는 데 바쳤다.

그의 새로운 사회 구상은 미사여구로 끝나지 않았다. 엥겔스가 '코뮌주의 선언'의 독일어판 서문(1890)에서 "자본에 반대하는 투쟁 속에서 생겨난 여러 사건과 변화로 인해, 특히 승리보다도 패배로

마르크스의 가족과 엥겔스(왼쪽)

엥겔스, 마르크스와 그의 딸(좌측부터) 카롤리네, 에레노, 라우라. 마르크스에게 엥겔스는 평생 금전적인 지원을 한 후원자이자 친구이다. 마르크스는 엥겔스와 함께 공산주의자 동맹의 실천적 강령 「공산당선언」을 발표해 모든 노동자의 단결을 호소하였다.

인해 투사들은 자신들의 만병통치약universal panacea이 지금까지 부적절했음을 깨닫고 노동자 해방의 진정한 조건을 철저히 이해하기 위해 더 한층 노력하지 않을 수 없었다"고 썼듯이, 마르크스는 자신의 이론을 '만병통치약'으로 내세우지도 않았다. 변화하는 현실을 주시하고 '노동자 해방의 진정한 조건을 철저히 이해'하려는 자세를 놓지 않았다.

21세기에 들어서서 노동 계급이 사라졌는데 노동자 해방이 어떤 의미가 있느냐고 적잖은 윤똑똑이들이 언구럭 부린다. 과연 그럴까. '사라진 노동 계급'이란 말을 즐겨 쓰는 사람들에게 노동 계급은 이른바 육체노동자만을 의미한다. 하지만 마르크스가 상업노동자를 산업노동자와 같은 층위에 놓은 데서 확인할 수 있듯이 그는 노동 계급을 생산직 노동자와 동일시하지 않았다. 마르크스에게 노동 계급은 "노동력을 자본에 팔 수밖에 없고 자본의 규율 아래서 자신의 노동 조건에 대한 통제력이 거의 없거나 아예 없는 사람들 모두"이다. 생산직 노동자만이 아니라 자신의 일에서 자율성이나 권위를 갖지 못하는 기술, 사무, 행정 노동자들이 모두 포함된다.

현재 한국의 노동자가 1,800만 명을 넘어섰다. 이미 영국의 마르크스주의자 토니 클리프는 "오늘날 남한의 노동 계급은 1883년 마르크스 사망 당시의 세계 노동 계급보다 더 많다"며 오늘날의 국제 노동 계급은 마르크스가 '코뮌주의 선언'을 발표할 때와 비교할 수 없을 만큼 강력해졌다고 낙관했다.

하지만 그들 모두가 과연 노동 계급일까. 특히 한국 사회는 노동자 의식이 없는 노동자들이 절대다수 아닐까. 노동 계급의 지적 발전이야말로 희망이라고 생각한 마르크스의 뜻을 곱새겨 보아야 할 까닭이 여기 있다. 영국의 사회주의자인 존 몰리뉴는 마르크스주의를 자처한다고 모두 마르크스주의는 아니라며 "진정한 마르크스주의의 근본 특징은 마르크스의 저작 전체 또는 특별히 엄선된 교의들을 충직하게 고수하는 것이 아니라, 특정한 계급인 현대 노동 계급의 이익, 투쟁, 해방을 이론적으로 분명히 표현하는 것"이라고 강조한다.

다양한 거짓 또는 사이비 마르크스주의의 공통점은 '노동 계급의 자기해방 포기'이다. 그렇다면 21세기인 지금 노동 계급의 자기해방 조건은 무엇일까. 그 조건을 명확하게 파악하고 그 지식을 노동자들과 가능한 넓고 깊게 나누는 데서 세계화의 새 길이 열리지 않을까.

─ 직업을 선택할 때 중요한 기준은 오늘날에도 타당한가?

─ 마르크스가 말한 노동 계급은 사라졌는가?

─ 21세기 노동 계급의 자기해방 조건은 무엇인가?

‥‥‥‥ **더 읽어 볼 만한 책**

『프로메테우스』, 갈리나 I. 세레브랴코바 저, 김석희 역, 들녘, 2005

『유령의 사랑』, 손석춘 저, 들녘, 2003

『고전 마르크스주의 전통은 무엇인가?』, 존 몰리뉴 저, 최일붕 역, 책갈피,
    2005

『왜 마르크스가 옳았는가』, 테리 이글턴 저, 황정아 역, 길, 2012

『새천년의 미르크스주의』, 토니 클리프 저, 정영욱 역, 북막스, 2002

03

가장 보잘것없는 사람에게
눈 돌릴 것

예수

Jesus Christ
B.C.4(?)~A.D.30(?)
기독교의 창시자

카를 마르크스는 그보다 1,800여 년 앞서 지상에 살았
던 유대인 동족 예수를 찬양했다. 무신론자인 그가 예수를 찬양한
이유는 기독교인들과 다르다. 그저 예수가 어린이를 사랑해서라고
담담하게 밝혔다. 마르크스는 사랑으로 새로운 사회를 이루려던 헤
스의 '진정한 사회주의'를 날카롭게 비판했듯이 계급투쟁을 강조한
혁명가였다. 더구나 "프로메테우스의 '진실로 나는 모든 신들을 싫
어한다'는 고백은 바로 철학 자신의 고백이며 모든 신들에 대항하는
철학의 신조"라고도 공언했다. 그렇다면 예수와 마르크스가 세상을
보는 관점은 정반대일까. 미국에서 가장 발행부수 많은 잡지로 꼽히
는 『리더스 다이제스트』는 이미 1980년대 초에 「카를 마르크스냐?

예수 그리스도냐?」라는 제목의 글을 게재했고 이를 한국 언론이 큼직하게 보도하기도 했다.

예수를 바라보는 두 갈래 관점

— 아무런 선입견 없이 예수가 걸어간 길을 세밀하게 톺아보면, 우리는 역사적 예수가 당대에 혁명적 존재였다는 진실을 알 수 있다. 예수는 지금의 동서 유럽 전체와 중동, 아프리카 북부를 모두 통치한 로마 제국의 식민지에서 태어났다. 신약은 예수를 처녀 마리아의 아들로 증언하지만, 유대교에서는 그를 신의 아들로 인정하지 않고 예언자 가운데 하나로만 여기는 사생아로 풀이하는 기록이 남아 있다. 유대를 점령하고 있던 로마 병사가 마리아를 강제로 범해 낳았다는 설명이다.

하지만 그 시기 유대교 고위 성직자들은 예수를 죽이는 데 앞장섰을 만큼 그를 증오하고 있었기에 사생아설이 나돌았을 가능성이 높다. 명백한 진실은 예수가 그 시대를 주름잡은 제국의 식민지에서 차별받던 민중 속에서 태어났다는 점이다. 식민지 원주민들이던 유대인조차 갈릴리에 사는 사람들을 깔보고 차별했다. '갈릴리'를 고유명사가 아닌, 억압받고 차별받는 사람들이 모여 사는 곳으로 해석하는 신학이 나온 이유다.

예수는 2,000년의 역사를 통해 끊임없이 새로운 영감을 불러일으켰다. 오늘날 예수를 바라보는 새로운 관점은 두 갈래로 간추릴

수 있다. 안병무와 서남동이 개척한 민중신학의 연장선에서 고통
과 욕망이 거래되는 시장을 주목하고 지구적 차원의 고난받는 민중
을 성찰하는 방향이 있다. 또 한 갈래는 도마복음의 예수다. 외경으
로 분류되어 온 도마복음이 새롭게 조명받는 이유는 예수의 제자인
도마가 전한 '주님'의 언행을 기록했으면서도 '기적'이나 부활, 최후
심판, 대속을 거의 언급하지 않았기 때문이다. 도마복음은 자기 안
에 빛으로 계시는 신을 아는 것, 그 깨달음을 통해 새사람이 되고 죽
음을 극복할 수 있다고 강조한다. 도마복음을 성경에서 배제하는 결
정은 예수가 처형당한 뒤 300여 년이 지나 로마제국 황제의 영향력
아래 이뤄졌다.

따라서 20세기 중반에 처음 발견된 도마복음은 역사적 예수와 그
복음의 진실이 무엇인가를 탐색하는 데 큰 자극을 주었다. 예수가 서
른 살이 될 때까지 무엇을 했는지 성경은 기록하지 않았다. 성경에
증언된 예수 생애는 마지막 3년이다. 그 결정적 전환점은 '광야'다.
예수는 광야에서 금식하고 기도하며 40일을 보냈다. 그때 사탄이 나
타나 유혹한다. 예수가 받은 유혹은 오늘을 살아가는 우리에게도 강
력하다. 만일 돌을 빵으로 만들 수 있다면, 그는 21세기에도 세계 최
고 부자가 될 게 틀림없다. 높은 건물에서 뛰어내려도 전혀 다치지
않는다면, 모바일에서 삽시간에 명성이 퍼질 것이다. 사탄의 마지막
유혹은 권력이었다. 예수는 광야에서 인간 내면에 깃는 대표적 욕망
인 부와 명예, 권력을 넘어섰다. 거듭난 예수는 광야에서 나와 차별

예수 탄생 순간을 그린 〈목자들의 경배〉(1622)

독일의 화가 게리트 반 혼토로스트가 그린 그림이다. 예수의 탄생 소식을 듣고 달려온 목자들이 두 손을 모으고 예수를 경배하고 있다. 소박하지만 신성한 예수의 탄생 순간은 수많은 화가들에 의해 그려졌다.

의 땅 갈릴리로 들어가 사람들을 일깨우기 시작한다.

오늘날에도 적실한 서릿발 비판

■ 예수 가르침의 고갱이는 사랑이고, 자비였다. 예수는 "너희의 아버지께서 자비로우신 것 같이, 너희도 자비로운 사람이 되어라"(「누가복음」 6:36)며 자비를 강조했다. 자비를 뜻하는 영어 'mercy'는 'compassion'을 포함한다. compassion을 어원으로 분석하면 '아픔을 함께한다'는 뜻이다. 예수는 전염병자, 창녀처럼 천시당한 사람은 물론, 세금을 거두는 세리처럼 미움받던 사람들의 손까지 기꺼이 잡아주었다. 예수는 누구라도 자신의 도움을 필요로 하는 사람에게는 조건 없이 다가갔다. 모든 차별, 모든 장벽을 넘어, 고통당하는 사람과 그것을 함께 나누는 자비를 실천했다. 말이 쉽지, 창녀를 식탁에 불러 함께 밥 먹기는 지금도 쉬운 일이 아니다. 당시 정결을 중시했던 유대교 성직자들 눈에 예수는 불결한 창녀와 어울려 다니는 타락한 술주정뱅이이자 먹보였다.

엄숙한 율법주의에 맞서 예수가 연 새 길은 험난했다. 무엇보다 고향 사람들부터 목수 요셉의 아들 예수가 구세주라고 생각하지 않았다. 예수가 유대 민족의 구원을 넘어 인류의 구원을 강조하자 예수를 몰아내며 절벽 아래로 밀어 버리려 했다. 가르침을 온전히 펴기도 전에 자칫 고향에서 살해낭할 위기에 직면했던 것이다. 고향에서 예수가 직면했던 죽음의 위기는 시작에 지나지 않았다. 그를 죽이려는 사람들은 예수의 복음에 담긴 혁명성을 잘 알고 있었다. 예수가 가르친 사랑의 복음은 단지 좋은 소리거나 기쁜 소식이 아니었다. 그의 사랑과 복음은 서슬 퍼런 칼날을 품고 있었다.

명성도 돈도 권력도 없으면서 예수는 유대교 성직자들을 겨냥해 "독사의 자식"이라는 날 선 비판을 서슴지 않았다. 그들이 유대교를 형식적인 종교, 더 나아가 위선적인 종교로 변질시켰다고 판단했기 때문이다. "회칠한 무덤"이라는 표현도 그 연장선이다. 율법을 내세우고 정결을 주창하면서 뒤로는 율법이나 정결과는 동떨어진 삶을 언죽번죽 살아가는 종교 지도자들의 위선을 예수는 모르쇠 하지 않았다. 특히 율법을 지키지 않는다는 이유로 사람들을 정죄하는 지도자들을 용서할 수 없었다. 율법을 얼마나 잘 지켰느냐가 아니라 얼마나 사랑했느냐, 얼마나 자비를 실천했느냐가 중요하다고 힘주어 말했다.

율법을 엄히 지켜야 한다는 율법주의자들을 예수가 "위선자들"이라고 단언한 까닭은 그들이 십일조를 바치라는 율법을 사람들에게 강조하면서 정작 "정의와 자비와 신의 같은 아주 중요한 율법은 대수롭지 않게 여긴다"고 판단해서였다. 예수의 분노는 성경에 생생하게 그려져 있다.

"이 눈먼 인도자들아, 하루살이는 걸러내면서 낙타는 그대로 삼키는 것이 바로 너희들이다. 율법학자들과 바리새파 사람들아, 너희 같은 위선자들은 화를 입을 것이다. 너희는 잔과 접시의 겉만은 깨끗이 닦아놓지만 그 속에는 착취와 탐욕이 가득 차 있다. (중략) 너희는 겉은 그럴싸해 보이지만 그 속에는 죽은 사람의 뼈와 썩은 것이 가득 차 있는 회칠한 무덤 같다. 이와 같이 너희도 겉으로는 옳은 사람처럼 보이지만 속은 위선과 불법으로 가득 차 있다."

이 비판을 개신교든 가톨릭이든 불교든 오늘날의 종교인들에게 적용할 수 있지 않을까. 아니, 종교인만이 아니다. 말끝마다 민생을 내세우는 정치인, 나눔을 실천한다는 기업인, 진실을 보도한다는 언론인, 진리를 탐구한다는 교수들에게 예수의 서릿발 비판은 여전히 적실하지 않을까.

네가 정말 나는 사랑하느냐

■ 아무런 편견 없이 예수의 가르침을 짚어 보면 그가 가르친 사랑은 누군가에게는 뼈저린 성찰을 주지만, 누군가에게는 죽여 버리고 싶을 만큼 증오감을 불러일으킬 수밖에 없을 법하다. 실제로 유대교 고위 성직자들은 자신들의 정당성을 마구 흔들어 놓는 예수를 좌시할 수 없다고 판단했다. 그러던 중 마침내 예수를 죽일 명분을 찾았다. 예수가 제자들과 더불어 예루살렘으로 들어갔을 때다. 성전 안에서 장사하는 사람들을 발견한 예수는 과격한 행농에 나선다.

"예수께서 성전에 들어가셔서, 성전 뜰에서 팔고 사고 하는 사람들을 내쫓으시면서 돈을 바꾸어주는 사람들의 상과 비둘기를 파는 사람들의 의자를 둘러엎으시고, 성전 뜰을 가로질러 물건을 나르는 것을 금하셨다. 예수께서는 가르치시면서, 그들에게 말씀하셨다. '기록한바 내 집은 만민이 기도하는 집이라고 불릴 것이다' 하지 않았느냐? 그런데 너희는 그곳을 '강도들의 소굴'로 만들어버렸다."

「마가복음」11:15~17)

예수는 성전에 들어갔다가 그곳에서 돈을 바꿔 주거나 생명체를 상품으로 팔아 돈을 벌고 있는 사람들을 보자마자 거침없이 돌진해 간다. 좌판을 엎어 버리는 예수의 '폭력'을 눈앞에 그려 보라. 돈을 바꿔 주는 사람에서 오늘의 금융자본, 생명체를 파고 사는 사람에서 노동력을 거래하는 자본을 연상할 수 있다. 당대의 지배 세력에게 예수는 그저 불순한 청년이 아니라 위험하게 다가왔다. 「마가복음」은 "대제사장들과 율법학자들이 이 말씀을 듣고서는, 어떻게 예수를 없애버릴까 하고 방도를 찾고 있었다"고 기록했다.

예수는 단순히 제자들이 자신을 기억하라고 최후 만찬을 연 것이 아니다. 자신의 가르침을 삶으로 실천해 가는 과정에서 큰못이 살과 뼈를 뚫으며 박히고 예리한 창날이 헤집고 들어오는 몸, 거기서 하염없이 흘러내린 피, 그 현실을 결코 잊지 말라는 당부가 최후의 만찬이었다. 포도주가 "죄를 사하여 주려고 많은 사람을 위하여 흘리는 나의 피, 곧 언약의 피"(「마태복음」 26:28)라고 강조했다.

기독교인이 아닌 사람들과 예수 사이를 가장 낯설게 만드는 대목은 다름 아닌 부활이다. 하지만 예수는 오늘을 살아가는 우리에게 부활의 의미를 새롭게 해석하게 하는 말을 남겼다. 예수가 앞으로 자신을 어디서 만날 수 있는가를 확연히 일러 주었기 때문이다.

예수가 "너희는 내가 굶주렸을 때에 먹을 것을 주었고, 목말랐을 때에 마실 것을 주었으며, 나그네 되었을 때에 따뜻하게 맞이하였다. 또 헐벗었을 때에 입을 것을 주었으며, 병들었을 때에 돌보아주었고, 감옥에 갇혔을 때에 찾아주었다"고 '심판'했을 때, 천국으로 갈 사람들은 "주님에게 그렇게 한 적이 없었다"고 정직하게 고백했다. 그러자 예수는 "분명히 말한다. 너희가 여기 있는 형제 중에 가장 보잘것없는 사람 하나에게 해준 것이 바로 나에게 해준 것"이라고 명토 박았다.

예수가 '분명하게' 말했음에도 부활한 예수를 어디서 만날 수 있는지 모르겠다면, 그것은 만날 의지가 없는 사람이 아닐까. 그래도 미심쩍어 하는 사람에게 예수는 "이 저주받은 자들아, 나에게서 떠나 악마와 그의 졸도들을 가두려고 준비한 영원한 불 속에 들어가라. 너희는 내가 주렸을 때에 먹을 것을 주지 않았고, 목말랐을 때에 마실 것을 주지 않았으며, 나그네 되었을 때에 따뜻하게 맞이하지 않았고, 헐벗었을 때에 입을 것을 주지 않았으며, 또 병들었을 때나 감옥에 갇혔을 때에 돌보아주지 않았다"고 되풀이해 강조한다. 저

〈성 베드로에게 천국의 열쇠를 주는 예수〉(1481~1482)

이탈리아의 화가 피에트로 페루지노가 그린 시스티나 성당 벽화 중 하나이다. 「마태복음」에 예수가 "너희는 나를 누구라 하느냐?"라고 물었을 때 베드로가 나서 "살아계신 하느님의 아들"이라고 말하자 예수가 베드로를 반석이라 부르며 천국의 열쇠를 넘겨주는 장면을 묘사한 것이다.

주받은 자들이 "주님, 주님께서 언제 굶주리고 목마르셨으며, 언제 나그네 되시고 헐벗으셨으며, 또 언제 병드시고 감옥에 갇히셨기에 저희가 모른 체하고 돌보아드리지 않았다는 말씀입니까?"라고 항변할 때 예수는 "똑똑히 들어라. 여기 있는 형제들 중에 가장 보잘것없는 사람 하나에게 해주지 않은 것이 곧 나에게 해주지 않은 것"(「마태복음」 25:31~46)이라고 잘라 말했다.

이처럼 사랑을 가르친 예수가 부활한 뒤 2,000년 넘도록 전지전능한 신 옆에 얌전히 앉아 있지는 않을 성싶다. 그렇다면 분명하다. 그 의미가 그들을 무시하는 뜻이 아님을 전제하고, 당장 우리 주변에 있는 "가장 보잘것없는 사람들", 곧 비정규직 노동자들, 무분별한 자유무역협정으로 한숨만 쉬는 농민들, 생존권의 위협을 받는 영세자영업자들, 삶을 포기하고 자살하려는 사람들, 노숙자들을 '예수'로 여기며 사랑해야 예수교의 진정한 신도다. 바로 그것이 예수가 자신을 배신했던 수제자 베드로에게 "네가 정말 나를 사랑하느냐"고 다짐받은 까닭이다.

개개인이 '새사람'으로 거듭나는 과정을 경시하고 진행된 20세기 사회주의 혁명이 결국 민중 위에 군림하는 당 독재나 1인 독재로 귀결된 역사적 사실은 21세기 인류가 새로운 길을 여는 과정에서 '사랑'의 깊은 의미를 되새겨야 할 필요성을 느끼게 해준다. 비정규직 노동자, 영세농민과 자영업자, 도시 빈민과 청년 실업자들에게 우리는 지금 어떤 눈길을 보내고 있는가.

새길을
여는
사유

— 누가 왜 예수를 죽였는가?

— 예수 가르침의 고갱이는 무엇인가?

— 한국 기독교는 얼마나 예수의 가르침과 일치하고 있나?

••••••• **더 읽어 볼 만한 책**

『21세기 민중신학』, 김진호 · 김영석 편저, 삼인, 2013

『네가 정말 나를 사랑하느냐』, 손석춘 저, 시대의창, 2014

『또 다른 예수』, 오강남 저, 예담, 2009

『역사적 예수』, 쫀 도미닉 크로산 저, 김준우 역, 한국기독교연구소, 2012

04

평등의식과 나눔으로
예언자의 도시를 일구다

무함마드

Muhammad
570~632
이슬람교의 창시자

예수는 당대의 종교 지도자들과 로마 제국의 손에 처형당했지만, 채 300년도 지나지 않아 기독교는 공인되었고 곧 제국의 국교가 되었다. 그로부터 다시 300년 남짓 흐른 570년, 홍해 연안의 메카^{Mecca}에서 무함마드가 태어났다. 한국 사회에서는 흔히 '마호메트'로 불리는데, 이 잘못된 영어식 호칭만큼이나 '무함마드'와 이슬람의 이미지는 대다수 한국인에게 크게 왜곡되어 있다.

동굴에서 신의 계시를 듣다

━ 무함마드가 출생할 당시 강대국은 기독교 국가인 동로마 제국(비잔틴 제국)과 사산조 페르시아였다. 그 아래 아라비아 반도는 사막

을 둘러싼 여러 부족들로 나뉘어 있었다. 두 강대국 사이에 대립과 전쟁이 이어지면서 아시아, 아프리카를 오가던 대상(상인무리)들은 안전한 아라비아 반도 길을 선호했고 그에 따라 메카는 무역 중계지로 번성해 갔다. 아랍어로 '고결한 도시'를 뜻하는 메카는 전설에 따르면 아담과 이브가 만년을 보낸 곳이고, 아브라함의 맏아들 이스마일과 그의 어머니 하갈이 살았던 땅이다.

무함마드는 이스마일의 후손이자 유력 부족에서 태어났지만 메카와 시리아를 오가며 상거래를 하던 아버지가 그의 출생 직전에 사망했고, 6년 뒤 어머니마저 죽자 고아가 되었다. 삼촌 밑에서 떠돌이로 양과 염소를 키우던 소년 무함마드는 목자 가운데 예언자가 많이 나왔다는 이야기를 흘려듣지 않았다. 정직하고 성실한 청년 무함마드는 부유한 여성 카디자가 이끄는 대상에 고용되었다. 남편을 잃고 홀로 살아가던 마흔 살의 카디자는 무함마드를 눈여겨 지켜보다가 청혼했다. 스물다섯 살의 무함마드는 그녀의 구혼을 받아들였다.

무함마드와 예수 사이에는 570여 년의 시차가 있는 데다가 공간적 차이도 컸다. 예수는 로마 제국의 식민지, 그 가운데도 변방인 갈릴리에서 태어났고 무함마드는 상업, 금융도시 메카에서 출생했다. 결혼으로 경제적 여유를 처음 얻은 무함마드는 어린 시절부터 그가 가진 문제의식을 깊이 탐구해 갔다. 무함마드는 떠돌이 양치기 때부터 메카 인근의 언덕에 있는 동굴에서 밤을 새는 습관이 있었다. 동굴 속에서 무함마드는 큰 상인들이 교역을 독점하며 부를 축적하면서도 자기 이익만 좇는다고 생각했다. 실제로 당시 부자들은 노예를 부리고 수많은 여자들을 소유하며 향락을 즐겼다. 부족 안에서 빈부 차이가 컸다면, 부족 밖에서는 힘센 부족이 다른 부족의 방목 지대와 우물을 빼앗는 싸움이 곰비임비 일어나 피가 피를 부르는 악순환이 이어졌다. 가난하고 힘없는 사람들의 삶은 이래저래 힘겹기만 했다. 무함마드는 그러한 사회적 약자들의 고통을 직접 경험했고 평생 잊지 않았다.

결혼으로 부와 향락을 즐길 수 있는 조건을 갖췄지만, 무함마드는 동굴에서 사색과 명상을 하며 지냈다. 그는 마흔 살이 되던 610년, 메카 가까이 히라산의 동굴에서 마침내 신의 계시를 들었다. 동굴에서 나온 무함마드는 예언자로 나서기로 결심했다. 아내가 그의 첫 신자였다. 당시 메카는 술 마시고 노래하고 춤추는 축제를 해마다 벌였다. 무함마드는 신의 계시를 받기 전에는 그 축제를 외면해왔지만, 신의 계시를 전하기 위해 그해 축제 현장에 모습을 나타냈다. 무함마드는 사람들에게 "우상을 숭배하지 말라"면서 음탕한 언행을 비판했다. 사람들은 어떻게 받아들였을까. "오직 하나뿐인 신 앞에서 모든 사람은 평등하다"는 그의 외침에 사회적 약자들은 환호했다. 하지만 부와 권력을 쥔 사람들은 무함마드의 외침을 불편하게 여기며 조롱했다. 그들이 믿는 신을 '우상'이라고 모욕했다며 분개했다. 무함마드의 부족조차 그를 미쳤다고 여겼다.

무함마드는 좌절하지 않고 신의 계시를 끊임없이 알려 갔고, 사

〈대천사 가브리엘의 계시를 받고 있는 무함마드〉(1307)

일 칸국 시대인 1307년 정치가이자 역사가인 라쉬드 알 딘이 편찬한 『집사』에 나오는 무함마드의 모습이다. 무함마드는 히라산 동굴에서 대천사 가브리엘을 통해 알라의 계시를 받는다.

람들이 이해할 때까지 되풀이해 전했다. 그로부터 1,400여 년이 지나 21세기인 지금 무함마드의 가르침을 따르는 사람들은 16억 명을 넘어섰다. 세계 가톨릭 인구가 12억 명, 개신교가 5억 명인 사실과 견주면 이슬람 교세를 실감할 수 있다. 한국에서는 낯선 종교이지만 지구촌에서 이슬람교도는 개신교보다 3배나 많다.

가난하고 힘없는 사람들과의 나눔을 가르치다

— '이슬람교'라는 말만 듣고도 프랑스 만화가 살해나 자폭 테러리스트를 연상하고 '칼 아니면 코란' 식의 호전성을 떠올리는 것은 기독교를 '십자군'이나 '이라크를 침략한 미군'과 동일시하는 오류에 지나지 않는다. 이슬람교도 가운데 테러를 자행하거나 선호하는 신자들은 극소수, 아무리 많아야 1퍼센트에 지나지 않는다. 그렇다면 이슬람교가 21세기 인류의 4명 중 1명이 이슬람교도일 정도로 신자가 급증하고 강력한 종교가 된 까닭은 무엇일까. 우선 이슬람이 무함마드의 문제의식을 어떻게 해결했는지부터 살펴볼 필요가 있다.

메카 동굴에서 사색하던 무함마드에 의해 싹트고 이슬람 공동체에서 뿌리내려 온 제도는 21세기 신자유주의 체제가 보편화한 지구촌에 적잖은 시사점을 주고 있다. 이슬람은 누구든 자신의 소득이나 재산이 깨끗하고 합법적이려면 '자카트'로 불리는 이슬람세를 내야 한다고 가르친다. 언론이 틈날 때마다 '세금 폭탄' 따위를 선동해서 세금이라면 지레 알레르기 반응부터 보이는 이가 한국 사회에는 가득하지만, 이슬람세 '자카트'는 의미가 자못 웅숭깊다.

먼저 이슬람은 금식 기간인 라마단의 단식을 마칠 때 소득에 관계없이 자신보다 어렵고 불우한 사람들을 위해 돈을 낸다. 더 나아가 한 해 수입에서 개인 비용, 가족 생활비, 부채 상환을 모두 제하고 남은 순소득의 2.5퍼센트를 납부한다. 자카트는 자선과 다르기에 미납자는 사회적 지탄을 받는다. 그 점에서 자카트는 사회복지 세금의 성격을 지닌다. 수혜 대상자는 여덟 범주로 가난한 사람, 불우한 사람, 자유의 몸이 되는 데 도움이 필요한 노예, 고아원·학교·병원·사원 등 공공사업을 운영하는 사람, 갚을 능력이 없는 채무자, 사회생활에 모범을 보여 격려나 위안을 받는 사람, 이슬람 세무 공무원, 여행 중에 예기치 않게 여비가 떨어진 여행자들이다. 요컨대 이슬람세는 사회단체들이 벌이는 불우이웃돕기처럼 일시적 성금 개념이 아니다. 개개인의 종교적 의무요, 국가적 연례행사로 부의 재분배인 것이다.

무함마드 이후 가난하고 힘없는 사람들과 나누는 이슬람문화는 일상생활에 깊숙이 뿌리내려 있다. 순례 달에 순례자들을 비롯해 모든 이슬람교도는 이슬람이 허용하는 양이나 다른 짐승을 신의 제단에 바친다. 이어 고기를 3등분해서 3분의 1은 이웃과 친지에게, 3분의 1은 가난하고 어려운 사람들에게 나눠 준 뒤 3분의 1만 가족이 먹는다. 순소득의 2.5퍼센트를 가볍게 볼 수도 있다. 하지만 과연 그럴까. 그 세금을 한국 사회에 적용하면 어떻게 될까. 누군가 10억 원을 번다면 당장 세금으로 2,500만 원을 내야 한다. 한국 사회의 수십

억 원의 고액 연봉자들, 금융 기관에 수백, 수천억 원을 넣어둔 재산가들, 스톡옵션 따위의 주식배당금만으로도 연간 수백억 원을 챙기는 이들에게 이슬람세는 끔찍한 악몽이 아닐까.

물론 한국 사회만의 반응은 아닐 터이다. 미국의 금융 자본가들 또한 자카트를 선뜻 받아들이지 못할 게 분명하다. 어쩌면 그들이 이슬람을 살천스레 적대시하는 이유 중의 하나(어쩌면 가장 큰 이유일 수도 있다.)도 거기에 있지 않을까. 무함마드가 살아 있을 당시 대다수 아랍인들에게도 그의 가르침을 따르기란 쉽지 않았다. 무함마드가 모든 사람은 신 앞에 평등하다며 힘없고 가난한 사람들에게 나눔을 가르칠 때, 권세 있는 자들은 아예 그를 죽이려고 나섰다. 그들에게 무함마드는 '유일신'으로 맞섰다. 흔히 이슬람의 신은 '알라'로 알려져 있다. 맞다. "알라 외에 어떠한 신도 존재하지 않는다"로 번역된 유명한 문구도 있지 않은가. 하지만 여기에는 적잖은 오해가 숨어 있다. 미국의 기독교가 알게 모르게 깊숙이 침투한 한국 사회에서 알라는 오해받기 십상이고 지금도 많은 이들이 알라에 낯선 눈길, 나아가 적대적인 시선을 보낸다.

알라를 이슬람이 믿는 신의 이름으로 여기는 것은 무지의 폭로다. 영어로 신을 '갓God'이라 부르듯이 아랍어로 신이 '알라'다. 따라서 '알라 신'이라는 말은 동어반복으로 틀린 말이다. 전통적으로 한국 문화에는 '하느님'이라는 말이 있다 기독교가 들어온 조선 시대에 선교사들이 그들의 '야훼'를 '하느님'으로 번역한 것은 고도의 포교 전략이었다. 아랍어 '알라' 또한 '하느님'으로 옮겨야 공평하다. 이슬람의 대표 문구도 "하느님 외에 어떠한 신도 존재하지 않는다"로 해야 옳다. 그 하느님의 뜻을 따르는 사람들이 '이슬람'이다.

이슬람은 유대, 기독교와 같이 아브라함을 뿌리로 삼고 있다. 구약성경도 공유한다. 유대교에서 예수가 기독교를 열었고, 그 뒤 무함마드가 이슬람교를 열었다. 무함마드는 아브라함, 모세, 예수를 모두 예언자로 존중한다. 기독교와 갈라지는 지점은 '신의 아들 예수'이다. 이슬람에서는 '기독교 삼위일체설은 진정한 유일신일 수 없다'며 3신론이라고 비판한다. 무함마드는 알라, 그러니까 '하느님(신)'의 말씀을 전하는 심부름꾼Rasul에 지나지 않는다. 그것은 모세도 예수도 마찬가지다. 무함마드가 죽은 뒤 후계자에 오른 제1대 칼리프는 무함마드의 인성을 강조하며 결코 신앙의 대상이 될 수 없다고 강조했다. 신앙의 대상은 오직 하나, 신(하느님, 알라)이다.

이상을 실천하며 '인간의 길'을 걷다

━ 동굴에서 나온 무함마드가 신의 이름으로 나눔을 가르칠 때 기득권 세력은 앞서 언급했듯이 그를 미친 놈 취급하며 무시했다. 하지만 무함마드를 따르는 이들이 늘어나고, 하층민뿐 아니라 중소 상인들까지 따르자 탄압을 시작했다. 무함마드는 가까스로 메카를 떠나 메디나로 피신했다. 무함마드는 신의 가르침에 따라 끊임없이 자기를 정화해야 한다고 사람들을 일깨우며 나눔의 공동체를 구현해

메카로 들어가 우상을 파괴하는 무함마드(1808)

무함마드를 따르는 사람들이 늘어나자 기득권 세력은 탄압을 시작했고, 무함마드는 메카를 떠나 메디나에서 공동체를 이룬다. 이후 힘을 키워 630년 메카를 향한다. 무함마드는 '우상을 숭배하지 말라'며 메카에 입성했을 때 카바 신전에 있던 우상을 파괴하고 오직 하나뿐인 신 앞에 모든 사람은 평등하다고 주장했다.

갔다. '야스리브'로 불리던 이 지역이 '예언자의 도시al-Madinah'라는 뜻의 메디나가 된 것도 이 때문이다.

메카의 탐욕스러운 체제와 다른 공동체가 무함마드의 메디나에서 실현되어 가자 메카의 기득권 세력은 군대를 모아 메디나를 포위했다. 애면글면 방어에 성공한 무함마드는 착실하게 군사력을 키운 뒤 메카로 진격한다. 630년 마침내 메카에 입성한 무함마드는 다신교 신전에 세워진 숱한 우상들을 부수고 '이슬람 신전'을 선포했다. 무함마드가 전한 신의 계시를 모은 '코란'은 그 순간을 "진리가 와서 허위는 망해 사라졌다"라고 기록했다.

무함마드는 단순한 종교 지도자가 아니었다. 평등과 우애를 주창한 사회운동가였고, 메디나의 이상적 공동체를 일궈낸 정치인인 자 메카를 함락한 군사 지도자였다. 무함마드는 메카를 정복한 뒤 '신의 사도'로 불렸다. 확고한 지위를 발판으로 숭배 받는 초월적 존재나 절대적 군주의 길을 얼마든지 걸을 수 있었다. 하지만 무함마드는 그 길을 택하지 않았다. 왕관을 쓰지 않았음은 물론, 높은 의좌가 아닌 마룻바닥에 앉아 통치했다. 세상을 뜰 때까지 옷과 신발도 스스로 고쳐 입고, 대추야자와 보리빵을 즐겨 먹는 소박하고 겸손한 '인간의 길'을 걸었다.

현대 세계에서 이슬람은 자본주의도, 사회주의도 아닌 제3의 경제를 추구하고 있다. '무이자은행'이 상징하듯 이슬람 금융은 이자는 물론, 투기를 금지하고 있다. 고율의 이자만 두고 히는 말이 아니다. 단 1퍼센트의 이자도 고리다. 1970년대 초 이슬람은행이 세계 금융가에 등장했을 때, 미국 주도의 세계 금융계는 유토피아적 이상이라며 무시했다. 하지만 이슬람은행은 눈부시게 발전하고 있다. 투자자나 예금자는 이자가 아니라 사업에 의한 성과로 분배율에 따라 배당금을 받는다. 무엇보다 모든 이슬람 금융기관은 이슬람법학자로 구성된 위원회에서 거래의 적격 여부를 판별 받아야 한다. 판별 기준은 이자, 불투명성, 투기다.

2008년 월스트리트의 금융 위기로 세계 경제가 장기 침체 국면에 들어간 오늘날, 무함마드의 평등의식과 나눔의 가르침은 그가 일궈낸 예언자의 도시와 더불어 금융자본주의를 넘어선 새로운 정치·경제체제를 모색하는 데 큰 시사점을 준다.

새길을
여는
사유

─ 기독교와 이슬람교의 공통점은 무엇인가?

─ 무함마드와 예수의 가르침은 어떻게 다른가?

─ 무함마드 가르침의 21세기적 의미는 무엇인가?

·······　**더 읽어 볼 만한 책**

『이슬람교 입문』, 쉐이크 하에리 저, 김정헌 역, 김영사, 1999

『이슬람, 현대 그리고 개혁』, 최영길 저, 강대인문논총23집, 2008, 139~161쪽

『마호메트 평전』, 카렌 암스트롱 저, 유혜경 역, 미다스북스, 2002

『이슬람 경제와 금융』, 홍성민 저, 한반도국제대학원대학교, 2009

05

혁명은
민중의 살아 있는 창조물

블라디미르 레닌

Vladimir Il'ich Lenin
1870 ~ 1924
러시아의 혁명가

7세기의 무함마드는 부자들이 무역을 독점하며 부를 축적하면서도 가난한 사람들의 고통을 모르쇠 하는 현실을 바꾸는 데 삶을 바쳤다. 하지만 인류의 삶은 쉽게 바뀌지 않는다. 이슬람 제국 또한 기독교를 국교로 삼은 로마 제국이나 서유럽의 여러 제국이 그랬듯이 역사적 한계가 또렷했다.

자본가와 지배자에게 총구를

━ 무함마드가 태어난 해로부터 옹근 1,300년 뒤인 1870년, 러시아 볼가강 연안의 중소 노시에서 레닌이 태어났다. 무함마드가 종교와 세속의 권력을 모두 쥐었음에도 평생 보리빵을 먹은 소박한 사람이

었듯이, 레닌 또한 당대의 문호 고리키의 추모사를 빌리면 "사람들의 행복을 위해 무거운 짐을 짊어지려고 속세의 모든 쾌락을 거부한 영웅 정신"이었다. 레닌은 마르크스 이후 가장 걸출한 혁명사상가인 동시에 역사상 가장 뛰어난 혁명가로 평가받고 있다. 그는 '차르'로 불린 강력한 전제군주가 지배하는 러시아 제국의 중산층 집안에서 장학사 아버지와 의사 딸인 어머니 사이에 셋째로 태어났다. 유복하게 자라난 레닌은 17세 때 형이 황제 암살 음모에 연루되어 처형당하면서 충격을 받았다. 처형 제도는 본보기로 보이며 다른 사람들을 길들이려는 의도였지만 레닌에게는 정반대의 영향을 주었다.

레닌은 이후 황제는 물론 그가 지배하는 국가를 타도하는 혁명의 길로 결연히 들어섰다. 지방 대학 법학과에 입학해 1학년 때 불법 집회에 참가했다는 이유로 퇴학당했지만 독학으로 법률을 공부해서 변호사가 되었다. 제국에서 변호사의 길을 걸었다면 평생 안정적인 삶을 살아갔을 것이다. 하지만 레닌은 다양한 분야의 책을 읽었고 마르크스가 남긴 책에 가장 공감했다. 그는 서유럽으로 여행을 떠나 플레하노프를 비롯한 러시아 망명자들과 접촉하고 수도 페테르부르크로 돌아와 '노동 계급 해방투쟁 동맹'을 조직한다. 하지만 곧 발각되어 시베리아로 유배되었다. 그 동맹에서 만난 동지 크루프스카야와 유형지에서 결혼했다.

1900년 형기가 만료되자 레닌은 독일로 건너가 정치 신문 〈이스크라skra(불꽃)〉를 창간해 러시아로 들여보냈다. 당시 대다수 지식인

레닌과 아내 크루프스카야

1895년 12월 페테르부르크에서 노동 계급 해방투쟁 동맹을 조직해 체포되었을 때 찍은 사진
이다. 아내 크루프스카야 역시 공산주의자였으며 레닌에게 헌신적이었다고 전한다. 크루프
스카야는 레닌이 죽은 이후에도 활동을 이어 나갔다.

⟨이스크라⟩ 창간호

1900년 12월 말 레닌이 플레하노프, 마르토프 등과 창간한
마르크스주의 최초의 정치 신문이다.

들은 인구의 75퍼센트가 농민인 러시아에서 노동 계급은 존재하지 않을뿐더러 전통적인 러시아 농민공동체는 자본주의와 거리가 멀다고 판단했다. 농민공동체에 근거해 자본주의의 단계를 거치지 않고 새로운 사회를 이루려는 인민주의자(나로드니키)들이 공감대를 넓혀 갔기 때문이다. 반면 '러시아 마르크스주의의 아버지'로 불리는 플레하노프는 노동자들의 출현에 주목해 러시아는 이미 자본주의 발전 과정에 들어섰기 때문에 제정을 무너뜨리고 부르주아 민주주의 정부를 세워야 한다고 주장했다. 그는 노동 계급을 조직해 제정을 타도하고, 그 뒤 자본주의적 발전이 가속화하면 노동 계급의 수가 더욱 늘어나 사회주의 혁명을 이룰 수 있다는 2단계 혁명론을 주장했다.

레닌은 두 가지 길, 인민주의의 길과 2단계 혁명의 길을 모두 비판하며 러시아 변혁에 새 길을 열어 갔다. 레닌은 러시아에 자본주의가 발달하고 있다는 플레하노프의 의견에 동의했지만, 자본주의가 농민공동체를 빠르게 해체시킴으로써 농민 절반이 빈농이 된 사실에 주목했다. 전체 인구의 10퍼센트인 도시 노동자들이 그 빈농과 동맹을 형성하면 혁명을 이룰 수 있다고 레닌은 제안했다. 그 연장선에서 레닌은 노동자와 농민에게 계급의식과 혁명의식을 심어 줄 전위대가 필요하며 그것을 혁명 정당이 맡아야 한다고 주장했다.

당시 러시아 마르크스주의자들이 결성한 사회민주노동당의 주류는 플레하노프를 따르고 있었다. 2단계 혁명론에 근거해 부르주아 혁명은 부르주아가, 프롤레타리아 혁명은 노동 계급이 주도해야 한다는 주류에 대해, 레닌은 부르주아 민주주의 단계를 거치지 않고도 빈농과 연대한 노동 계급 혁명이 가능하다고 역설했다. 러시아 사회민주노동당은 결국 1912년 프라하에서 레닌을 따르는 사람들(볼셰비키)만으로 당 대회를 소집하고 2단계 혁명론(멘셰비키)과 결별했다.

1914년 제1차 세계대전이 일어났을 때, 유럽의 사회주의 정당들이 각각 제국주의 전쟁에 가담한 '조국'을 지지하자 레닌은 분노했다. 레닌은 조국을 위해 전쟁에 참여하는 사회주의 정당들을 세계 노동 계급에 대한 배신이라고 비판하고, 사회주의자들은 마땅히 제국주의 전쟁을 내전으로 전환시켜야 하며, 노동자와 병사들은 전장에 내몰려 서로 죽일 게 아니라 총구를 각각 조국의 자본가와 지배자들에게 돌려 혁명을 일으켜야 한다고 호소했다.

인류 역사상 최초의 노동 계급 혁명

■ 1917년 2월, 사회주의자들의 줄기찬 현장 활동으로 깨어난 러시아 노동자들과 병사들이 힘을 모아 시위를 벌여 마침내 러시아 제정에 마침표를 찍었다. 황제가 퇴위하자 멘셰비키와 인민주의자들은 2월 혁명을 '부르주아 혁명'으로 규정하고 부르주아, 곧 상공인들이 정부를 이끌어야 한다고 주장했다. 그 논리에 근거해 플레하노프는 독일 제국과의 전쟁에서 러시아 민주정부가 이겨야 한다며 노동자와 병사들에게 전장으로 나가라고 촉구했다.

당시 스위스에 망명 중이던 레닌은 4월에 페테르부르크로 들어

왔다. 적국인 독일 제국이 점령한 땅을 지나야 러시아에 들어갈 수 있었기 때문에 그들의 기차를 타고 돌아왔다. 반대자들은 레닌이 적군의 도움을 받았다며 '독일 간첩'으로 몰아세웠다. 레닌은 당당하게 대응했다. 귀국과 함께 발표한 '4월 테제'에서 레닌은 전쟁 아닌 평화와 토지 분배를 갈망하는 노동자, 농민, 병사들이 직접 권력을 잡아야 한다고 주장했다.

2월 혁명으로 들어선 러시아 정부가 차르와 똑같이 전쟁을 이어 가고 경제가 날로 어려워지면서 평화와 토지 분배를 내세운 레닌에 호응하는 노동자와 농민, 병사들이 늘어났다. 레닌은 10월에 당 중앙위원들을 설득해 마침내 거사에 나섰다. '인류 역사상 최초의 노동 계급 혁명'이 탄생한 순간이다. 혁명 정부는 곧장 발표한 '평화에 대한 포고'에서 전쟁을 '인류에 대한 최대의 범죄'로 비판했다. 포고에서 러시아는 모든 나라와 무병합, 무배상의 공평한 조건으로 강화할 뜻이 있다고 밝혔다. 아울러 '토지에 관한 포고'를 통해서는 지주의 모든 토지를 몰수하고 무상으로 농민들에게 분배했다.

혁명 정부는 독일과의 강화에 성공했지만 세계 최초의 노동 계급 혁명은 순탄하지 않았다. 제정 시대의 장군들과 장교들, 자본가와 지주 계급, 부농들은 특권과 재산을 지키기 위해 반혁명에 나섰다. 노동 계급의 국가 출현에 위협을 느낀 서유럽 국가들과 일본 제국주의자들 또한 반혁명군을 지원하고 러시아 영토를 침략하면서 혁명은 나라 안팎으로 위기를 맞았다.

1919년 제8차 러시아 공산당 당 대회 때 스탈린, 레닌(가운데), 칼리닌

러시아 내전 과정을 짚어 보면 '가진 자'들에게 조국은 재산과 기득권을 지켜주는 나라임을 깨달을 수 있다. 그 현실을 노동자와 농민은 꿰뚫어 보고 있었다. 혁명 정부의 호소에 호응해 몇 달 만에 50만 명이 붉은 군대에 지원했고, 외세와 결탁한 반혁명군은 민중으로부터 고립되어 갔다. 노동자와 농민들은 혁명 정부가 준 평화와 토지를 지키겠다는 의지가 강했다.

2년에 걸친 내전으로 결국 외세와 반혁명군은 격퇴당했다. 하지만 혁명 정부에도 내전은 어두운 그림자를 드리웠다. 가장 선진적인 노동자들이 대거 숨졌기 때문이다. 그로 인해 레닌의 의도와 달리 공산당은 관료적 권력으로 자리 잡아 갔다. 레닌은 거대한 관료 지배 체제가 뿌리내린 현실을 뒤늦게 깨달았다. 1922년 봄 레닌은 그가 참석한 마지막 당 대회에서 "우리 당이 저 거대한 관료 기구, 저 커다란 괴물을 붙잡고 있다면, 우리는 누가 누구를 지도하고 있는지 물어야 한다. 나는 공산주의자들이 저 괴물을 지도하고 있다는 것이 진실인지 대단히 의심스럽다. 솔직히 말하자면 그들은 지도하고 있는 것이 아니라 지도받고 있는 것"이라고 우려했다. 만년의 레닌은 바로 그 '괴물'과 싸웠다.

뇌동맥경화증으로 쓰러져 병상에 누워 있던 1922년 12월 24일 레닌은 당의 동지들에게 편지를 썼다.

"서기장이 되어 있는 스탈린 동지는 자신의 손에 무제한적인 권력을 집중시켜 놓고 있다. 나는 그가 언제나 충분한 주의력을 가지고 그러한 권한을 잘 사용할 수 있을지에 대해서 확신하지 못하고 있다."

이듬해 1월 4일 이 편지에 추가한 글에서는 스탈린의 해임을 '요청'했다.

"스탈린은 너무도 무례하다. 그리고 이 결점은 우리들 공산주의자들 속에서 사업을 할 때나 우리들 사이에서는 용인될 수 있을지라도, 서기장 직을 맡는 데에서는 용납될 수 없다. 바로 그러한 이유로, 나는 동지들이 스탈린을 그 직위에서 해임하는 방법을 생각해볼 것을 제안한다. 다른 모든 측면에서 스탈린 동지와는 다른 사람을, 말하자면 더 참을성 있고, 더 성심 있으며, 더 공손하고, 동지들에 대해 더 세심하게 배려하며, 덜 변덕스러운 그런 사람을 그 대신 지명하도록 요청한다."

이 편지는 레닌이 1924년 1월 숨을 거두기 전까지는 공개되지 않았다. 그가 죽은 뒤 4개월이 지난 5월에 열린 당 대회에서 아무도 필기를 하지 않는다는 조건으로 겨우 공개됐다. 스탈린은 이미 확고하게 자신의 권력을 다져 놓고 있었다. 만일 레닌이 54세에 운명하지 않고 스탈린처럼 75세까지 살았다면, 그래서 레닌이 1945년까지 소비에트사회주의공화국연방을 지도했다면, 세계사는 사뭇 달라졌을 터다. 혁명으로 이룬 국가가 괴물이 되어 간다는 사실을 직시한 레닌은 혁명의 새 길을 창조적으로 열어 갔을 게 분명하다.

부자들만을 위한 민주주의

— 흔히 레닌을 경직된 볼셰비키 지도자로 여기지만, 사실과 다르다. 그는 언제나 유연했다. 혁명과 사회주의를 "민중의 살아 있는 창조물"로 정의한 데서 단적으로 확인할 수 있다. 레닌의 유연한 혁명 개념은 그의 인식론에 근거하고 있다. 레닌은 최종적인 영원한 진리가 있다는 것을 의심하지는 않았지만, 그 인식은 결코 끝이 발견될 수 없는 과정이라고 보았다. 레닌의 반영론을 많은 사람이 오해한 것처럼 정치사상 또한 폭력적 선동이론으로 매도당해 왔다. 그러나 레닌의 형식적 민주주의, 곧 '자본주의 사회의 민주주의'를 통렬하게 질타한 대목은 지금도 음미해 볼 만하다.

> "자본주의 사회에서 민주주의는 결과적으로 언제나 소수를 위한, 곧 유산계급과 부자들만을 위한 민주주의에 머문다. 고대 그리스의 민주주의가 단지 노예주들의 자유였듯이 자본주의 사회의 민주주의도 마찬가지다. 자본주의적 착취라는 조건으로 인해 근대의 임금노예들은 기아와 빈곤으로 압살당하고 있기 때문에 생활 속에서 민주주의나 정치를 피곤하게 여긴다. 일상적으로 대다수 민중은 정치적 참여를 배제당하고 있다."

노동자들이 생활 속에서 민주주의나 정치를 피곤하게 여긴다는 탁견은 21세기를 살아가는 오늘날에도 훌륭한 통찰이다. 레닌에게 자본주의 사회의 민주주의란 "부자들만을 위한 민주주의"다. 그 민주주의로부터 "대다수 민중을 위한 민주주의"로의 이행, 레닌에게 그것은 인간의 참다운 해방을 위해 반드시 이뤄야 할 필생의 과업이었다. 레닌은 당시 가장 발달된 자본주의 국가 영국의 수도 런던을 처음 둘러보았을 때 간결하게 말했다.

"두 개의 국가."

마르크스가 런던에서 쓴 책을 읽으며 새로운 세상에 눈 뜬 레닌에게 대영제국은 하나의 국가가 아니었다. 앞서 보았듯이 레닌에게는 러시아 제국도 마찬가지였다. 러시아 또한 '하나의 조국'이 아니었기에 그는 '조국의 전쟁'에 동의하지 않았다.

두 개의 국가라는 통찰은 국가를 무의식중에 하나로 전제하는 우리에게 신선한 울림을 준다. 이를 테면 생존이 어려워 자살하는 가족을 비롯해 민주 정부의 공권력에 맞아 죽은 농민과 비정규직 노동자들의 국가는, 천문학적 비자금을 불법 조성해 국가 기구를 오염시키고도 감옥에 가지 않은 대기업 총수의 국가와 과연 같을까. 오늘날 한국의 민주주의는 정말 대다수 민중을 위한 민주주의일까.

이 질문에 선뜻 "그렇다"고 대답할 수 없다면, 레닌이 세계사에 던진 문제의식은 시퍼렇게 살아 있다고 보아야 옳다. 혁명을 "민중의 살아 있는 창조물"로 개념화한 레닌의 답 또한 살아 있지 않을까.

— 레닌의 길은 스탈린의 길과 어떻게 다른가?

— 두 개의 국가는 대한민국에 적용 가능한가?

— 한국 민주주의는 대다수 민중을 위한 민주주의인가?

•••••••• **더 읽어 볼 만한 책**

『국가와 혁명』, 레닌 저, 김영철 역, 논장, 1994

『유물론과 경험비판론』, 레닌 저, 정광희 역, 아침, 1989

『레닌의 반 스탈린 투쟁』, 레닌 저, 김진태 역, 신평론, 1989

『무엇을 할 것인가』, 손석춘 저, 시대의 창, 2014

『레닌의 회상』, N. 쿠루프스카야 저, 김자동 역, 일월서각, 1986

06

사회 속에서 개인의
진정한 자유를 말하다
존 스튜어트 밀

John Stuart Mill
1806~1873
영국의 철학자, 사상가

블라디미르 레닌은 자본주의 사회의 민주주의를 두고 "철두철미하게 위선적이며 허위적인 제도"라고 말했다. "몇 년에 한 번씩 지배 계급의 어느 부위가 의회를 통해서 민중을 억압하고 짓누를지를 결정하는" 민주주의에 대한 레닌의 비판은 21세기 지구촌에서도 적실할 수 있다. 한국 사회도 마찬가지다. 800만 명을 훌쩍 넘어선 한국의 비정규직 노동자에게 민주주의는 어떻게 다가올까.

레닌 사후 한 세기 가까이 흐른 오늘날, 그가 제기한 문제는 단순하지 않다. 소련공산당이 노동 계급 위에 군림하는 '괴물'이 되고 있다는 레닌의 '마지막 경고'는 그의 사후 곧바로 현실이 된다. 공산당 독재는 물론 그 위의 1인 독재, 스탈린 개인숭배로 나타난 것이다.

21세기에 '철두철미하게 위선적이며 허위적인 민주주의'를 넘어서려면 실존했던 공산주의 길과는 다른 길, 새로운 길을 모색해 나가야 한다. 스탈린은 물론 레닌도, 아니 마르크스도 가볍게 보았을 '개개인의 자유'에 주목할 필요가 여기 있다. 그것은 20세기 러시아혁명(1917)과 소비에트사회주의공화국연방의 붕괴(1991)가 남긴 핏빛 교훈이기도 하다.

인간의 삶에 자유가 얼마나 고갱이인가를 간파한 촌철살인의 글이 있다.

> "개성을 파멸시키는 것은, 그것이 어떤 이름으로 불리어도, 그것이 신의 의지나 인민의 명령을 강행하는 것이라고 공언된다고 해도, 모두 전제적이라고 할 수 있다."

이 글을 '철두철미 위선적인 민주주의' 비판에 앞장섰던 이오시프 스탈린이 정말로 이해 또는 동의할 수 있었을까. 아마도 레닌이라면 동의할 수 있을 터다. 그렇다면 다음 글은 어떤가.

> "단 한 사람을 제외한 모든 인류가 동일한 의견이고, 그 한 사람만이 반대 의견을 갖는다고 해도, 인류에게는 그 한 사람에게 침묵을 강요할 권리가 없다."

과연 레닌이 이 말에 동의할 수 있었을까. 마르크스라면 충분히 동의할 수 있을지 모른다. 그렇다면 다음 글은 어떤가.

"자유 가운데서도 가장 소중하고 또 유일하게 자유라는 이름으로 불릴 수 있는 것은, 다른 사람의 자유를 박탈하거나 자유를 얻기 위한 노력을 방해하지 않는 한, 각자 자신이 원하는 대로 자신의 삶을 꾸려 나가는 자유이다. 우리의 육체나 정신, 영혼의 건강을 보위하는 최고의 적임자는 누구인가? 그것은 바로 각 개인 자신이다. 우리는 자신에게 도움이 된다고 생각되는 방향으로 자기 식대로 인생을 살아가다 일이 잘못돼 고통을 당할 수도 있다. 그러나 설령 그런 결과를 맞이하더라도 자신이 선택한 길을 가게 되면 다른 사람이 좋다고 생각하는 길로 억지로 끌려가는 것보다 궁극적으로 더 많은 것을 얻게 된다. 인간은 바로 그런 존재이다."

사람이 마땅히 누려야 할 자유를 말하다
━ 세 글은 모두 존 스튜어트 밀이 1859년에 발표한 『자유론^{On}
^{Liberty}』에 나온다.

밀은 마르크스가 태어나기 12년 전인 1806년, 영국 런던에서 태어났다. 아버지 제임스 밀은 공리주의 사상가로 아들의 교육에 과도할 만큼 열정을 쏟았다. 겨우 세 살 된 아들에게 그리스어를 가르쳤고, 일곱 살이 되자 플라톤의 「대화」편을 읽도록 했다. 이듬해 라틴

ON

LIBERTY

BY

JOHN STUART MILL.

LONDON:
JOHN W. PARKER AND SON, WEST STRAND.
M.DCCC.LIX.

1859년에 출간한 『자유론』 첫 페이지

존 스튜어트 밀이 사회 속에서 자유의 진정한 의미를 전개한 책이다. 사람이 마땅히 누려야 할 자유를 누릴 때 자유로운 사회라 할 수 있다는 밀의 주장은 150년이 지난 오늘날에도 새겨들을 만하다.

어를 배운 여덟 살 소년은 문학과 역사책을 읽었고 열두 살에는 논리학과 경제학을 공부했다. 열일곱 살에는 아버지가 다니던 동인도회사에 취업했다.

아버지로부터 강압적 교육을 받았던 밀은 사실상 만들어진 천재였다. 밀에게 전환점이 된 것은 프랑스 여행이었다. 자유로운 사상과 토론, 생활의 여유는 충격으로 다가왔다. 밀은 지금까지 자신이 다른 사람의 지식을 잡다하게 많이 소유해 왔을 뿐임을 깨닫고 자신의 길을 열어가기 시작했다. 하지만 아버지의 훈육 덕분에 밀은 인류가 남긴 고전들을 모두 익혔고, 그 결과 자신의 사상을 의미 있게 전개할 수 있었다는 평가도 있다.

밀은 아버지는 물론, 스승인 제러미 벤담의 공리주의 사상과 선을 그어 갔다. 벤담은 사람이 행동하는 동기는 쾌락을 추구하고 고통을 피하는 데 있다며, 개개인의 행위 결과인 쾌락과 고통을 계량하여 '최대 다수의 최대 행복'을 주장했다. 그에 따라 이기주의를 긍정하고 자본주의도 예찬했다. 하지만 밀은 벤담이 주장한 '쾌락의 계량 가능성'에 선뜻 동의할 수 없었다. 밀은 쾌락은 양이 아니라 질이 중요하다고 판단했기 때문이다. 바로 이 지점에서 저 유명한 밀의 명제 "만족한 돼지가 되는 것보다 불만 있는 인간이 좋고, 만족한 바보보다 불만 있는 소크라테스가 좋다"가 나온다. 이 명제는 밀의 자유론을 관통하고 있다. '불만 있는 인간'이나 '불만 있는 소크라테스'는 자유와 이어져 있기 때문이다. 밀은 사람이 마땅히 누려야 할 자유를 셋으로 나누어 설명한다.

첫째, 내면의 자유다. 여기에는 사상의 자유, 감정의 자유, 의견과 표현의 자유가 있다. 둘째, 자신의 취향을 즐기고 자기가 희망하는 것을 추구할 자유다. 개개인이 개성에 맞게 자기 인생을 설계하고 자기가 좋은 대로 살아갈 자유가 그것이다. 셋째, 어떤 목적의 모임이든 자유롭게 결성할 수 있는 결사의 자유다.

밀은 세 가지 자유를 절대적으로, 무조건적으로 누릴 때 자유로운 사회라는 이름에 값할 수 있다고 잘라 말한다. 여기서 가장 기본적인 자유는 내면의 자유, 사상의 자유다. 생각의 자유를 침해해서는 안 되는 이유를 밀은 날카롭게 예시한다. 무엇보다 침묵을 강요당하는 의견이 진리일 가능성이 있기 때문이다. 밀은 유한한 존재인 사람은 절대적 진리를 알 수 없다고 고백한다. 침묵을 강요당하는 의견이 틀렸다고 하더라도 그것이 진리의 일정 부분을 담고 있을지도 모르기에 침해할 수 없다. 그 '일정 부분'에 주목해야 더 나은 발전이 가능하다. 설령 전적으로 옳은 진리라 하더라도 그것에 대한 비판과 토론은 필요하다. 그 과정에서 진리가 독단과 구호로 전락하는 걸 막을 수 있다. 밀은 어떤 한 생각을 억압하는 것은 현 세대뿐만 아니라 미래 세대의 인류에게 '강도질'과 다를 게 없다고 선언한다.

한국 사회에서의 사상과 표현의 자유

— 『자유론』이 출간되고 150년이 흐른 오늘날, 과연 인류는 밀이 이

야기한 자유를 온전히 누리고 있을까. '위선적이고 허위적인 민주주의'를 직시하고 있는 사람들에게는 전혀 아니다. 하지만 그 민주주의를 비판하며 혁명을 일으키고 권력을 틀어 쥔 사람들도 밀이 공언한 자유를 온전히 구현하지는 못했다. 소련과 동유럽 공산주의 체제가 무너진 이유 중 하나가 바로 거기에 있다. 1989년에서 1991년 사이에 도미노처럼 공산주의 체제가 무너질 때, 시위대가 내건 가장 인상 깊은 표어가 "우리가 인민이다"였다. 인민을 위한 정권, 인민을 위한 당이라는 말이 공식 슬로건이 된 나라에서 "우리가 인민이다"라는 시위대의 슬로건은 강력한 마술이었다. 그 '인민'은 사상의 자유, 표현의 자유를 갈망했고, 자신의 취향을 즐기며 자기가 희망하는 것을 추구할 자유에 목말랐다. 결사의 자유를 누릴 수 없었기에, 시위는 더욱 폭발적으로 전개되었다.

문제는 그렇다면 자유민주주의 체제에서는 그 자유가 구현되고 있는가에 있다. 당장 한국 사회의 모습을 살펴보자. 한국인들은 과연 사상의 자유와 표현의 자유를 누리고 있는가. 선뜻 긍정할 사람은 많지 않을 듯싶다. 이미 '종북'이라는 '주홍글씨'가 횡행하고 있다. 공영방송의 텔레비전 토론에서 내가 한국 사회는 사상과 표현의 자유를 위협받고 있다고 말하자 상대 패널로 나온 '명문대학'의 사회과학 교수는 "종북좌파 세력만 아니라면 표현의 자유를 다 누리고 있지 않느냐"고 반문했다. '주홍글씨'는 특정 교수만의 사고가 아니다. 스스로 '자유'를 중시한다고 자처하는 한국의 '보수주의자'들다수가 그렇게 생각한다.

하지만 밀의 자유론에 근거하면 전혀 아니다. 밀은 어떤 의견이 설령 틀렸어도, 진리의 일정 부분을 담고 있을지 모르기에 침해할 수 없다고 강조했다. '일정 부분'에 주목해야 더 나은 발전이 가능하다는 통찰은 21세기에 더욱 빛난다. 창조적 사고가 '경쟁의 원리'로 통용되고 있기 때문이다.

더 현실적 문제는 누가 어떤 사람의 생각을 '종북좌파'로 판정하느냐에 있다. 이를테면 2012년 대선 정국에서 국가정보원은 심리전 조직을 대폭 강화하고, 재판 과정에서 고위 간부가 당당히 증언했듯이 "전쟁 수행"에 나섰다. 심리전 요원들은 "좌좀(좌파좀비)들이 선거철만 되면 떠드는 것 중에 하나가 보편적 복지로 국민들의 표심을 자극하는 것일 게다"라는 글을 '일베'에 올렸다. 심지어 "문재인 대북관은 종북을 넘어서 간첩 수준"이라거나 "문재인의 주군은 노무현이 아니라 김정일", "북한정권의 나팔수 역할을 하는 문재인" 따위의 '종북몰이'를 펼쳤다. 과연 이것이 정상적인 민주주의 국가인가. 대선 정국에서 야권 단일 후보를 겨냥해 "종북을 넘어서 간첩 수준"으로 몰아세우는 나라에서 밀의 『자유론』은 사치라며 덮어야 옳을지도 모른다.

'사회적 자유'와 '개인의 자유'

■ 영국 런던에서 부유한 계몽주의자의 아들로 태어난 밀은 자못

순수하다. 인간은 토론과 경험에 힘입어 자신의 잘못을 고칠 수 있고 바로 그 능력이 있기에 사회가 발전한다고 주장했다. 하지만 밀이 살았던 19세기 노동자들의 상황은 장시간 노동과 어린이 노동이 상징하듯이 참혹했다. 당시 자본가들의 무분별한 이윤 추구를 토론으로 바꿀 수 있었을까 짚어 보면, 밀의 접근은 한계가 또렷하다. 그럼에도 밀이 던진 메시지는 그가 지닌 인간관에 근거하고 있기에 울림이 크다. 밀은 "인간은 그 본성상 모형대로 찍어내고, 그것이 시키는 대로 따라하는 기계가 아니다. 그보다는 생명을 불어넣어 주는 내면의 힘에 따라 온 사방으로 스스로 자라고 발전하려는 나무와 같은 존재"라고 강조한다.

밀은 자유의 개별성을 부각하며 '개인의 자유'를 적극 옹호하면서도 '사회적 자유'를 외면하지 않았다. 사람들이 윤리적인 생활을 하고 봉사에 나서는 것은 궁극적으로 자기에게 이익이 되기 때문이라는 전통적 공리주의에도 동의하지 않았다. 사람은 다른 사람에게 좋은 일을 하고 싶고 그렇게 할 때 기쁨을 느끼는 '사회적 감정'을 타고났다고 보았다. 문제는 자본주의 사회에서 인간이 "아침부터 밤늦게까지 개인의 이익만 좇는 사회 제도에 물들어 이기적으로 살아가는" 데 있다. 밀은 사회가 바뀌고 적절한 교육이 구현되면 인간이 이기심의 굴레에서 벗어날 수 있다고 믿었다. 밀은 "우리 삶에서 사람이 이룰 수 있는 최선의 모습에 최대한 가깝게 서로를 끌어올리는 것 이상으로 더 중요하거나 더 좋은 것은 없다"고 보았고 그것을

밀과 헬렌 테일러

밀은 스물네 살이 되던 1830년에 해리엇 테일러를 만나 이후 지적인 교류를 해 왔다. 1851년 해리엇 테일러와 결혼하였으나 그녀는 1858년에 숨을 거두었다. 밀은 『자유론』을 발표하며 이 것이 해리엇 테일러와의 공저라고 밝혔다. 헬렌 테일러는 해리엇 테일러의 딸이다.

궁극적 판단 기준으로 삼았다.

개개인이 자신의 생각과 취향에 따라 자유롭게 살 수 있어야 개별성이 진정으로 발휘될 수 있고 그래야 참된 행복을 누릴 수 있다는 논리는 '다른 사람에게 피해를 주지 않으면서 자신이 하고 싶은 대로 하는 자유'의 사회적 정의로 뒷받침된다.

밀은 고통을 당하더라도 자신이 선택한 길을 가야 옳다고 보았지만, 그렇다고 모든 걸 개인의 판단에 맡기지는 않았다. 밀이 든 구체적 예시는 흥미롭다.

만일 어떤 사람이 곧 무너져 내릴 가능성이 있는 다리를 잘 모르고 건너려 한다면, 어떻게 해야 할까. 그 사람을 강제로 가로막는 것이 자유의 원리에 걸맞다고 밀은 주장했다. 그 이유도 명토 박았다. 자유란 자신이 원하는 바를 하는 것인데 다리가 무너져서 자신이 강물에 빠지는 것을 원할 사람은 아무도 없기 때문이다. 밀이 자유주의를 옹호하면서도 자본주의의 모순을 시정하기 위해 자유방임을 배격한 이유도 여기 있지 않을까.

만일 밀이 지금 살아난다면, 자신의 저서가 신자유주의자들에 의해 악용되고 있는 모습을 보고 어떤 마음이 들까. 마르크스가 살아나 스탈린을 보았을 때의 악몽과 견줄 수 있을 터다. 밀은 『대의정부론』에서 '이상적인 정치체제'를 '인간의 자기발전에 도움이 되는 정부'로 규정했다. 인류는 아직 그 정치체제를 이루지 못했다. 밀의 사유가 지금도 생동생동 꿈틀거리는 까닭이다.

─ 밀은 자신의 저서를 신자유주의자들이 악용하는 현실을
어떻게 볼까?

─ 한국 사회에서 개인의 자유와 사회적 자유는 어느 정도 보
장되고 있는가?

─ 인간의 자기발전에 도움이 되는 정부는 어떤 모습일까?

······· **더 읽어 볼 만한 책**

『자유론』, 존 스튜어트 밀 저, 서병훈 역, 책세상, 2005

『공리주의』, 존 스튜어트 밀 저, 서병훈 역, 책세상, 2007

『존 스튜어트 밀 자서전』, 존 스튜어트 밀 저, 최명관 역, 창, 2010

『대의성무론』, 손 스튜어트 밀 저, 서병훈 역, 아카넷, 2012

07

시민불복종으로
시민저항권의 길을 열다
헨리 데이비드 소로

Henry David Thoreau
1817~1862
미국의 사상가, 문학가

존 스튜어트 밀이 영국에서 '자유'를 성찰하며 민주주의 밑절미를 다듬어 가고 있을 때, 미국 대륙에서는 한 젊은이가 도끼를 들고 무모한 실험에 나섰다. 청년의 이름은 헨리 데이비드 소로. 존 스튜어트 밀과 달리 소로의 부모는 평범했고, 1817년 그가 태어난 곳도 미국 매사추세츠로 세계의 중심과는 거리가 멀었다. 교사들의 눈에 띄어 1833년 하버드대학에 입학했지만 학점에 무관심했고, 도서관에서 읽고 싶은 책에 파묻혀 지냈다. 중간 정도 성적으로 대학을 졸업하고 고향에 돌아와 중등학교 교사가 되었지만 엄격한 학교 문화에 거부감을 느껴 곧바로 사직했다. 그의 삶은 밀과는 여러모로 대조적이지만, 민주주의 사상에 끼친 영향만큼은 어금버금하다.

과소평가된 소로의 또 다른 책

■ 삶의 결정적 전환점은 스물여덟 살을 맞았을 때다. 1845년 봄, 소로는 도끼를 들고 월든 호숫가의 숲 속으로 들어가 석 달에 걸쳐 투박한 통나무집을 지었다. 소로는 "숲 속으로 들어간" 이유를 "인생의 본질적인 사실들만을 직면해 보려는 것이었으며, 인생이 가르치는 바를 내가 배울 수 있는지 알아보고자 했던 것이며, 그리하여 마침내 죽음을 맞이했을 때 내가 헛된 삶을 살았구나 깨닫는 일이 없도록 하기 위해서였다"고 밝혔다. 당시 소로는 절망에 잠겨 있었다. 매력적인 여성과 사랑에 빠졌지만 그녀의 부모가 반대해 약혼이 깨졌고, 늘 언덕이 되어 주었던 형은 갑작스레 죽음을 맞았다. 또한 그의 문학적 시도에 문단의 반응은 냉담했다. 소로는 아버지가 경영해 온 연필 제조업에 몰두하려고 노력했지만 본디 시인을 꿈꾸었기에 무력감에 젖어들 수밖에 없었다.

소로의 '월든 실험'은 지금도 전원생활이나 귀농을 꿈꾸는 사람들에게 힘을 북돋아 준다. 소로는 사방 1.5킬로미터 안에 아무도 살지 않는 곳에서 혼자 밭을 일구며 먹고 살았다. 그 경험을 담아 집필한 책 『월든』은 소유 욕망을 부추기는 문명을 비판하고 자급자족 생활을 내세우고 있었기에 큰 파장을 일으켰다. 21세기 생태주의자들에게도 영향을 줄 만큼 '월든 실험'은 성공이라고 볼 수 있다. 하지만 소로의 월든 실험은 지나치게 과장된 대목이 있다. 무엇보다 그의 숲 속 자급자족 생활은 2년에 지나지 않았나. 소로는 서른 살에

소로가 정착한 월든 호숫가와 복원된 통나무집

소로는 1845년 봄 월든 호숫가에 통나무집을 짓고 홀로 자급자족하며 살았다. 2년 뒤인 1847년 월든을 떠났으며 이후 「월든」을 집필했다.

월든과 '작별'했다. 1847년 여름 에머슨이 그를 유럽 가족여행에 초청한 것을 계기로 떠나서는 다시 통나무집으로 돌아오지 않았다. 책 『월든』도 월든을 떠난 뒤 집필했다.

그런데 그의 짧은 숲 속 생활이 새 길을 열었다고 평가할 수 있는 진정한 이유는 『월든』에 있지 않다. 한국에서는 『월든』에 견주어 지나치게 과소평가되고 있지만, 소로가 통나무집에서 부닥친 경험을 녹여낸 다른 책이 있다. 인류 역사에 큰 영향을 끼친 그 책은 소로의 통나무집으로 경관이 불쑥 찾아온 1846년의 어느 여름날에 뿌리를 두고 있다. 세금징수원을 겸하고 있던 경관은 소로를 경찰서로 연행해 여러 해 동안 소로가 내지 않고 있던 세금, 인두세를 납부하라고 압박했다. 소로가 거절하자 경관은 그를 감옥에 가두었다.

다음 날 아침 그의 숙모가 익명으로 세금을 대납했기 때문에 소로는 하루 만에 풀려났다. 소로는 감옥에서 보낸 하룻밤의 경험을 잊지 않고 왜 자신이 인두세를 내지 않았는가를 정리했다. 소로는 노예제도를 암암리에 인정하고 멕시코를 침략하는 제국주의 전쟁을 서슴지 않는 미국 정부를 지지할 수 없고, 그런 불의를 저지르는 정부를 유지하는 세금을 낼 수 없다는 논리를 다듬었다. 그리고 1849년 5월 『시민불복종』을 발표했다.

소로는 당시 '미국 정부에 대하여 어떻게 처신하는 것이 한 인간으로서 올바른 자세일까'를 물은 뒤 이어 다음과 같이 썼다.

WALDEN;

OR,

LIFE IN THE WOODS.

By HENRY D. THOREAU,

AUTHOR OF "A WEEK ON THE CONCORD AND MERRIMACK RIVERS."

I do not propose to write an ode to dejection, but to brag as lustily as chanticleer in the
morning, standing on his roost, if only to wake my neighbors up. — Page 92.

BOSTON:
TICKNOR AND FIELDS.
M DCCC LIV.

1854년에 출간된 「월든」 초판본 첫 페이지

소로가 1845년 7월부터 1847년 9월까지 월든 호숫가 통나무집에서 자급자족 생활을 할 때 쓴
일기를 바탕으로 쓴 책이다. 앞표지의 그림은 소로의 여동생 소피아가 그렸다.

"나는 대담한다. 수치감 없이는 이 정부와 관계를 가질 수 없노라고 말이다. 나는 노예의 정부이기도 한 이 정치적 조직을 나의 정부로 단 한 순간이라도 인정할 수 없다."

정부의 폭정이나 무능이 너무 커서 참을 수 없을 때는 정부에 저항하는 권리, 곧 혁명의 권리를 주창한 글이었다. 허나 소로의 이 글은 거의 주목받지 못했다. 세인들은 소로를 숲 속에서 자급자족하는 삶을 산 사람으로만 기억했다. 소로가 죽을 때까지 그 작은 책은 회자되지 못했다.

시민불복종, 시민저항의 새 길을 열다

▬ 반세기 지나 러시아 작가 톨스토이의 눈에 소로의 작은 책이 띄면서 전환점을 맞았다. 톨스토이는 미국에게 "왜 당신네 미국인들은 돈 많은 사람들이나 군인들 말만 듣고 소로가 하는 말에는 귀를 기울이지 않는 거요?"라고 개탄했다.

톨스토이의 소로 예찬은 20세기로 접어들어 인도의 간디에게 깊은 감동을 주었다. 간디는 "나는 소로에게서 위대한 스승을 발견했으며 '시민의 불복종'에서 내가 추진하는 운동의 이름을 땄다"며 비폭력 저항운동의 뿌리가 소로라고 밝혔다. 톨스토이와 간디에 그치지 않았다. 1950년대 마틴 루서 킹 목사가 소로를 '발견'하면서 미국의 흑인민권운동은 무기를 갖게 되었다. 1960년대 미국의 빈체제운동과 저항문화의 사상적 젖줄도 소로였다. '시민불복종'의 논리는 불의와 싸우는 지구촌의 수많은 사람을 격려하고 용기를 불어넣었다. 미국과 유럽의 반전운동, 평화운동, 환경운동, 생태주의, 무정부주의, 심지어 나체주의와 히피도 소로를 즐겨 인용했다. '시민불복종'에 담긴 '시민저항권'은 정치사상과 법철학의 주요 개념으로 떠올랐다.

시민불복종과 시민저항권은 21세기에도 새로운 울림을 준다. 가령 그가 선거와 투표에 대해 쓴 글을 보자. 소로는 "투표는 모두 일종의 도박"이라고 규정한다. 얼핏 '투표 폄훼'로 비판받기 쉽지만, 정작 소로는 투표가 '내기'로 전락해, 투표자가 투표에 인격을 걸지 않는다고 비판한다.

"나는 내가 옳다고 생각하는 쪽에 표를 던지겠지만 옳은 쪽이 승리를 해야 한다며 목숨을 걸 정도는 아니다. 나는 그 문제를 다수에게 맡기려는 것이다. 그러므로 그 책임은 편의의 책임 정도를 결코 넘지 못한다. 정의 편에 투표하는 것도 정의를 위해 어떤 행동을 하는 것은 아니다. 단지 정의가 승리하기를 바란다는 당신의 의사를 사람들에게 가볍게 표시하는 것일 뿐이다. 현명한 사람이라면 정의를 운수에 맡기려고 하지 않을 것이며, 정의가 다수의 힘을 통해 실현되기를 바라지도 않을 것이다."

그래서 소로는 "온몸으로 투표하라. 단지 한 조각의 종이가 아니라 당신의 영향력 전부를 던지라"고 강조했다. 어떤가. 오늘날의 투표를 보아도 '시민불복종'의 창안자가 던진 경구 "정의를 운수에 맡기려고 하지 말라"는 말은 촌철살인이다. 정의가 투표라는 '내기'를 통해 실현되기를 바라지 않는다는 소로의 토로는 대한민국의 정치사회 현실에서 깊이 새겨야 할 말이다.

민주공화국의 주권은 무릇 유권자에게 있지만, 소로는 "대중의 행동에는 덕이란 게 별로 없다"고 단언한다. 그렇다고 대중을 경멸하는 것은 아니다. "우리는 입버릇처럼 말하기를 대중은 아직도 멀었다고 한다"고 꼬집은 소로는 "(대중의) 발전이 느린 진짜 이유는 (그렇게 말하는) 소수마저도 다수의 대중보다 실질적으로 더 현명하거나 더 훌륭하지 않기 때문"이라고 지적한다. 소로는 많은 사람이 선하게 되는 것보다 단 몇 사람이라도 '절대적으로 선한 사람'이 어디엔가 있는 것이 더 중요하다며 "왜냐하면 그 사람들이 전체를 발효시킬 효모이기 때문"이라고 역설했다. 그 맥락에서 소로는 '시민불복종'을 제안한다.

"불의가 당신으로 하여금 다른 사람에게 불의를 행하는 하수인이 되라고 요구한다면, 분명히 말하는데, 그 법을 어기라. 당신의 생명으로 하여금 그 기계를 멈추는 역마찰이 되도록 하라."

내놓고 법을 어기라는 주장이다. 법을 어기면 어떻게 될까. '불법'의 이름으로 곰비임비 구속되어 온 한국 사회의 노동자들을 톺아보면 자명하다. 실정법을 어기면 국가는 감옥에 가둔다. 소로는 단호하게 말한다.

"사람 하나라도 부당하게 가두는 정부 밑에서 의로운 사람이 진정 있을 곳은 감옥이다."

숱한 불의가 저질러지는 시대, 그것이 불의라는 사실도 이제 더는 직시하지 않으려는 시대에 소로의 감옥론은 통렬하다. 불의의 시대에 호의호식하며 적당히 '지식인'으로 살아가고 있는 숱한 언론인들과 교수들로 하여금 스스로를 성찰케 한다.

노예제를 유지하는 정부에 세금을 낼 수 없다는 '시민불복종'의 정신은 노예제에 반대하는 강연을 다니고 글을 쓰는 실천으로 이어졌다. 소로는 당대의 노예폐지론자 존 브라운에 공감했고 실제 북부로 도망가는 흑인 노예들을 돕기도 했다. 그러던 중 존 브라운이 처형당하자 충격을 받았다. 게다가 몸을 돌보지 않고 강연을 다니느라 건강이 악화됐다. 1862년, 결핵으로 고통 받던 소로는 친지에게 보낸 편지에서 "살아 있는 순간들을 최대한 즐기고 있으며, 아무런 회한이 없다"고 썼다. 얼마 지나지 않아 그 친지에게 소로의 부음 소식이 날아들었다. 그의 나이 겨우 45세였다.

소로의 마지막 사진

1861년 8월 21일 소로가 찍은 마지막
사진이다. 소로는 1861년 폐결핵 진
단을 받고 이듬해 5월 세상을 떠났다.

소로의 소박한 무덤

미국 매사추세츠 콩코드의 전원묘지
슬리피 할로우에 있다.

(출처 CC BY-SA 3.0)

소로는 1850년대에 "모두들 탐욕과 이기심 속에서 대지를 재산으로 생각하거나 혹은 재산을 얻는 주요한 수단으로 생각하는 천박한 생각 속에서 헤어나지 못하고 있는" 시대를 비판했다. 같은 시기에 마르크스가 전개한 자본주의 비판과 견주어 피상적이라 비판할수도 있겠지만, 공산주의 체제가 1인 독재로 귀결될 때 소로의 '시민불복종'은 빛을 발한다. 시민저항권의 새 길을 연 소로는 "우리가알고 있는 바와 같은 민주주의가 정부가 도달할 수 있는 마지막 단계의 진보일까?"라는 질문을 던졌다. 그 답을 이제 21세기를 살아가는 우리가 찾을 때다. 여전히 소로를 '자연으로 돌아간 낭만주의자' 따위로 '훈육'하는 사회, 악법 위에서 엄정한 법질서를 살천스레 부르대는 자들이 군림하는 국가라면 시민불복종의 경구들은 언제 어디서든 시퍼런 칼날이 될 것이다.

새길을
여는
사유

─ 소로의 '월든 실험'은 오늘날 가능한가?

─ 대중의 발전이 더딘 이유는 무엇인가?

─ 소로의 시민불복종은 우리에게 어떤 의미가 있는가?

•••••••• **더 읽어 볼 만한 책**

『소로우의 노래』, 헨리 데이비드 소로 저, 강은교 역, 이레, 1999

『시민의 불복종』, 헨리 데이비드 소로 저, 강승영 역, 이레, 1999

08

현실을 바꾸는
호민의 역할을 강조하다
허균

許筠
1569~1618
조선 시대 개혁가, 문장가

19세기에 영국의 밀, 미국의 소로가 각각 영국과 미국
에서 자유론과 시민불복종론으로 민주주의 담론의 초석을 놓을 때,
조선은 지주 중심의 중앙집권적 왕조체제를 유지하고 있었다. 하지
만 역사를 이끄는 힘은 동아시아의 '은둔 국가'도 비껴가지 않았다.

1592년 일본의 조선 침략으로 조선 땅에 살고 있던 민중은 지주
인 사대부 계급과 그들의 대표인 왕이 얼마나 무력하고 무능한 존
재인가를 단숨에 깨달았다. 일본군이 부산을 통해 조선에 들어온 지
20일 만에 선조는 도성을 버리고 몰래 도망쳤다. 백성들은 선조에게
욕설을 퍼부으며 돌팔매질을 서슴지 않았다. 그 전란을 겪은 선비들
가운데 허균이 있었다.

천하에 두려워할 바는 오직 민이다

■ 2010년대를 살아가는 한국인에게 허균은 1,200만 명이 관람한 영화 '광해, 왕이 된 남자'에 등장하는 도승지로 기억될 것이다. 광해군이 돌연 의식을 잃었을 때, 그와 똑같이 생긴 광대를 대리로 세운 도승지가 '광대 광해'를 통해 개혁 정책을 펴나가는 모습에 관객들은 호응했다. 하지만 실제로 그런 일은 없었다. 광대가 왕을 대리하는 발상은 마크 트웨인의 소설 『왕자와 거지』처럼 가상의 세계에서나 가능한 일이다. 영화 속 허균은 도승지, 그러니까 '대통령 비서실장'이었지만, 실제로 허균은 그런 위치에 있지도 않았다.

하지만 영화 속 허균이 실존 인물 허균과 다르다고 실망할 이유는 전혀 없다. 아니, 정반대. 역사 속 허균은 영화 속의 허균보다 훨씬 더 역동적인 삶을 살았고, 영화가 모방했을 『왕자와 거지』를 쓴 마크 트웨인보다 더 민중의 사랑을 받은 소설을 남겼다.

허균이 붓을 들어 글을 쓴 지 400년이 넘었지만 지금도 생동생동 울림을 주는 글은 단연 「호민론」이다. 밀의 『자유론』이나 소로의 『시민불복종』보다 200여 년 앞서 발표된 「호민론」은 허균이 누구인가를 날카롭게 증언한다. 첫 문장부터 예사롭지 않다.

天下之所可畏者, 唯民而已

"천하에 두려워할 바는 오직 민이다."

왕조 시대에 쓴 글임을 감안하면, 혁명적 선언과도 같다. 물론 중국 사상에도 '역성혁명'을 정당화한 맹자의 논리가 있지만, 「호민론」은 글의 시작부터 긴장감을 자아낸다. 더구나 허균은 관념적 선언에 그치지 않았다. 그 혁명적 선언과 당대의 현실을 아울러 바라보고 있었다.

첫 문장 바로 다음 문장에서 그는 이렇게 묻고 있다.

民之可畏, 有甚於水火虎豹.

在上者, 方且狎馴而虐使之, 抑獨何哉

"홍수나 화재, 호랑이, 표범보다도 훨씬 더 백성을 두려워해야 하는데, 윗자리에 있는 자가 항상 업신여기며 모질게 부려먹음은 도대체 어떤 이유인가?"

허균의 문체는 생생하게 살아 있는 듯하다. 홍수와 화재를 겪은 당대 사람에게 그 무서움은 더욱 생생했을 터다. 허균은 홍수와 화재보다 백성이 무서우며, 조선의 산하를 누비던 호랑이와 표범보다 백성을 더 두려워할 만하다고 강조한다.

과연 그러한가? 21세기인 오늘날에도 이렇게 묻고 싶다.

"과연 민중은 무서운가?"

'민중'이라는 말조차 시나브로 사라질 만큼 아무도 민중을 두려

위하지 않고 '종북좌파'라는 굴레를 덧씌우기 일쑤인 우리 시대에 400년 전 허균이 쓴 「호민론」의 들머리는 눈부실 만큼 매혹적이다.

"윗자리에 있는 자가 항상 업신여기며 모질게 부려먹음은 도대체 어떤 이유인가?"에서 쓴 '재상자在上者'라는 표현은 수백 년 지난 지금도 '윗사람'이나 '윗자리에 있는 사람'이라는 말로 흔히 쓰이고 있어 그 의미가 사뭇 다가온다.

오늘의 한국 사회를 보자. 비정규직이 850만 명, 농민 300만 명, 영세자영업인 600만 명, 청년실업자 100만 명을 비롯해 유권자 대다수가 민중이다. 그럼에도 비정규직 노동자와 농민, 영세자영업인, 청년실업자들은 무섭기는커녕 무시당하고 있다. 허균의 문법을 빌려 "도대체 어떤 이유인가?" 하고 묻고 싶다.

허균은 그 이유를 '항민恒民'에서 찾는다. "대저 이루어진 것만을 함께 즐거워하느라, 항상 눈앞의 일들에 얽매이고, 그냥 따라서 법이나 지키면서 윗사람에게 부림을 당하는 사람들"이 항민이다. 그는 항민은 전혀 무섭지 않다고 또박또박 쓴다. 문제는 항민에게만 있지 않다. 허균은 "끝없는 요구를 채워주느라 시름하고 탄식하면서 그들의 윗사람을 탓하는 사람들"이 있다며, 그들을 '원민怨民'이라 부른다. 원민도 두려워할 필요 없다. 그저 원망하지만 기껏해야 탓하는 데 그치기 때문이다. 항민과 원민만 가득하면 "재상자"들은 백성을 두려워할 이유가 전혀 없다. 자기네끼리 호의호식에 더해 호색할 수 있디.

하지만 모든 백성이 항민과 원민은 아니다. "자취를 푸줏간 속에 숨기고 몰래 딴 마음을 품고서, 천지간天地間을 흘겨보다가 혹시 시대적인 변고라도 있다면 자기의 소원을 실현하고 싶어 하는 사람들"이 있다며 그들을 '호민豪民'이라 규정한다. 크게 두려워해야 할 존재로 호민을 소개한 허균의 붓은 더욱 날카롭다.

"호민은 나라의 허술한 틈을 엿보고 일의 형세가 편승할 만한가를 노리다가, 팔을 휘두르며 밭두렁 위에서 한 차례 소리 지르면, 저들 원민이란 자들이 소리만 듣고도 모여들어 모의하지 않고도 함께 외쳐대기 마련이다. 저들 항민이란 자들도 역시 살아갈 길을 찾느라 호미, 고무래, 창자루를 들고 따라와서 무도한 놈들을 쳐 죽이지 않을 수 없는 것이다."

여기서 '무도한 놈들'을 왕으로 옮긴 학자도 있다. 실제로 허균은 중국 역사에서 왕권에 도전하여 일어난 호민들의 사례를 구체적으로 든다. "모두 백성을 가렴주구하여 자신만을 배불렸기에 호민이 그 틈을 탈 수 있었던 것"이라 분석하고 "무릇 하늘이 임금을 세운 것은 백성을 보호하라는 것이지, 임금 한 사람이 눈을 부라리며 온갖 욕심을 채우라는 것이 아니다. 따라서 진한 이래로 나라가 망한 것은 당연지사이지 불행한 것이 아니다"라고 결론 내린다. 이어 "그런데 우리나라는 그렇지 않다"고 말한다. 허균은 왜 우리나라는 그렇지 않다고 생각했을까.

> "땅이 좁고 험준하여 사람도 적고, 민은 또 나약하고 좀 착하여 기절氣節이나 협기俠氣가 없다. 그런 까닭에 평상시에도 큰 인물이나 뛰어나게 재능 있는 사람이 나와서 세상에 쓰여지는 수도 없었지만, 난리를 당해도 호민, 한졸悍卒들이 창란倡亂하여, 앞장서서 나라의 걱정거리가 되게 하던 자들도 역시 없었으니 그런 것은 다행이었다."

정말 허균이 다행이라고 생각했을까. 아니다. 「호민론」의 맺음말을 보면 참뜻을 파악할 수 있다. "백성들의 시름과 원망은 고려 말엽보다 훨씬 심하다. 그러나 위에 있는 사람은 태평스러운 듯 두려워할 줄을 모르니 우리나라에는 호민이 없기 때문이다. 불행스럽게 견훤, 궁예 같은 사람이 나와서 몽둥이를 휘두른다면, 시름하고 원망하던 백성들이 가서 따르지 않으리라고 어떻게 보장할 것인가" 하고 묻는 동시에 "백성 다스리는 일을 하는 사람이 두려워할 만한 형세를 명확히 알아서 전철을 고친다면 그런 대로 유지할 수 있으리라"고 짐짓 개혁을 촉구한다.

21세기에 적중하는 조선 선비의 글

■ 오늘날 대한민국 국민에게도 깊은 울림을 주는 허균은 어떤 사람인가. 그가 쓴 최초의 한글 소설 『홍길동전』 때문에 허균을 서출

로 오해하는 사람도 있지만 정반대이다. 허균은 1569년(선조 2) 조선의 명문가에서 태어났다. 부친 허엽은 고위 관직에 오르고 학식 있는 문장가로 명성 높았으며, 어머니 강릉 김씨는 예조판서의 딸이다. 허엽의 호는 '초당'인데 오늘날 강릉의 초당두부에 흔적이 남아있다. 형 허성은 이조와 병조판서를 역임했으며, 여류문인 허난설헌이 친누이다.

명문가의 막내아들 허균은 스물네 살에 과거에 급제하며 벼슬길에 올랐다. 하지만 관직 생활이 순탄하지 않아 여러 차례 파직을 당했다.

그 까닭을 짚어 보면 자못 흥미롭다. 그가 황해도 도사를 지낼 때 한양 기생을 가까이 했다거나, 불상을 모시고 염불과 참선을 했다거나, 서류庶流들과 가까이 지냈다는 이유 따위로 곰비임비 탄핵받았다. 허균은 출셋길이 탄탄했는데도 체제로부터 천시된 사람들을 가까이 했다. 기생이나 천민 출신의 시인과도 교분이 두터웠다. 남녀유별을 강조하며 허균을 비난하는 주자학자들에게 허균은 "남녀 간의 정욕은 하늘이 준 것이며, 남녀유별의 윤리는 성인의 가르침이다. 성인은 하늘보다 한 등급 아래다. 성인을 따르느라 하늘을 어길 수는 없다"고 했다. 그가 던진 말은 위선의 두꺼운 껍질을 단숨에 벗겨낸다.

허균은 형조참의로 고위 관직에 올랐지만 1613년(광해군5) '칠서지옥七庶之獄'이 일어난다. 서자들이 변란을 꾀하다가 처형당한 사건

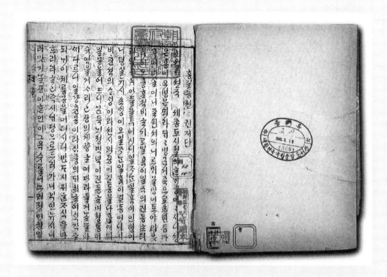

허균이 쓴 『홍길동전』

최초의 한글 소설 『홍길동전』의 첫 페이지로, 국립중앙도서관에 소장되어 있다. 『홍길동전』은
신분 차별 타파와 부패 정치 개혁을 다룬 소설로 오늘날에도 많은 사랑을 받고 있다.

으로 7명의 서자 가운데 허균의 제자가 있었다. 허균은 자신에게 다가오는 신변의 위험을 의식해 당대의 실세 이이첨에게 손을 내밀었다. 그의 도움으로 몸을 지키며 두 차례 명나라를 사신으로 다녀왔다. 귀국하며 수레 가득 책을 사 온 일화도 유명하다.

하지만 1618년(광해군 10) 남대문에 왕조 체제를 흔드는 격문이 붙고 그 배후가 허균이라는 주장이 제기되면서 역적모의를 했다는 이유로 체포된다. 이 사건을 이이첨이 점점 세력을 키워 가는 허균을 제거하기 위한 모략으로 분석하는 학자들이 많다. 허균은 제대로 항변할 기회도 얻지 못한 채 곧장 저잣거리에서 능지처참 당했다. 허균이 참혹한 죽음을 맞았을 때 그의 나이 만 49세였다.

자신의 비극적 운명을 예감이라도 했을까. 허균은 「유재론遺才論」에서 "하늘이 인재를 태어나게 함은 본래 한 시대의 쓰임을 위한 것이므로 인재를 버리는 것은 하늘을 거역하는 것"이라고 적었다.

「학론學論」에서는 당대에 선비로 행세하는 자들을 통렬히 비판했다.

"옛날의 학문하는 사람이란 홀로 제 몸만을 착하게 하려고 하지 않았다. 근세의 학자라고 말해지는 사람이란 홀로 제 몸만을 착하게 하려고도 않는다. 입으로 조잘대고 귀로 들은 것만을 주워 모아 겉으로 언동을 꾸미는 데에 지나지 않으나, 자신은 '나는 도를 밝히오. 나는 이치를 궁구하오' 하면서, 한 시대의 보고 들음을 현혹시키고 있다. 그러나 그 결과를 고찰해 보면 높은 명망을 턱없이 거머쥐려던 것뿐이었고, 그들이 본성을 높이고 도를 전하는 실상에 있어서는 덩둘하여 엿본 것도 없는 듯하니 그들의 마음씨는 사심이었다."

「호민론」못지않게 「학론」은 오늘날을 꿰뚫는다. 되풀이해 강조하지만, 400년 전 왕조 시대에 쓴 선비의 글은 21세기의 대학과 언론에도 적중하고 있다. 생각해 보라. 오늘날도 저런 글을 누군가 쓴다면 뒷공론에 휘말릴 터인데 하물며 왕조 시대에는 어땠겠는가. 주자학을 신봉하던 '선비'들 가운데 누가 허균을 좋아하겠는가. 허균이 끝없이 탄핵당해 파직을 반복하고 끝내 능지처참으로 생을 떠난 사실이 참담할 따름이다. 더러는 중국 명나라의 사상가 이탁오(이지)가 허균에게 끼친 영향을 들어 평가절하 하지만, 허균의 발자취는 독보적이다. 이미 허균은 "나는 나의 시가 당시唐詩나 송시宋詩와 유사해질까 두렵다. 남들이 허균의 시許子之詩라고 말하는 것을 듣고 싶다"고 당당하게 말했다.

조선 왕조 500년 가운데 가장 앞선 천재를 역적으로 살천스레 몰아 죽인 자들이 허균을 어떻게 보았는가는 기록으로 남아 있다.

"그는 천지간의 한 괴물이다. 몸뚱이를 수레에 매달아 찢어 죽여도 시원치 않고 그 고기를 찢어 먹어도 분이 풀리지 않을 것이다. 그의 일생에 해 온 일을 보면 악이란 악은 모두 갖추어져 있다."

조선 왕조의 지배 세력이 그를 "악이란 악은 모두 갖추어져 있다"고 비난한 이유는 허균이 쓴 「호민론」, 「유재론」, 「학론」을 살펴보면 충분히 짐작할 수 있다. 그가 쓴 소설 『홍길동전』 속 홍길동은 호민의 전형이다. 신분 차별로 인재를 중용하지 않아 나라가 갈수록 기울어 가는 현실을 예리하게 고발하고, '율도국'이라는 자주적 민본국가를 대안으로 제시하고 있다. "천지간의 한 괴물" 허균은 처참하게 이 땅을 떠났지만 그가 창조한 인물 '홍길동'은 오늘날에도 민중의 사랑을 받고 있다.

― 허균이 구분한 민은 오늘날에도 타당한가?

― 허균의 지식인 비판은 정당한가?

― 한국인들이 홍길동을 사랑하는 이유는 무엇인가?

······· **더 읽어 볼 만한 책**

「호민론」, 허균 저, 한국고전번역원, 1983
「유재론」, 허균 저, 한국고전번역원, 1983
「하론」, 허균 저, 한국고전번역원, 1983

09

민중이 만드는
새로운 헤게모니
안토니오 그람시

———— Antonio Gramsci
1891~1937
이탈리아 철학자, 정치인

17세기에 능지처참으로 생을 떠난 조선의 '괴물' 허균은 "세상에 가장 무서운 것은 민중인데 언제나 부림을 당하는 까닭은 무엇인가?"라고 물었다. 그의 물음은 민중과 더불어 새로운 세상을 꿈꾸는 사람에게는 피할 수 없는 화두인 걸까.

300년 뒤 유럽에서도 "가난한 노동자와 농민이 왜 독재자를 지지하는가?"를 묻고 나선 '곱사등이'가 있었다. 조선 왕조가 허균을 말 그대로 찢어 죽였듯이, 그 나라의 독재 권력도 살기등등해서 그를 전격 체포했다. "5피트도 채 되지 않는 키, 구부러진 등뼈, 커다란 사자 머리, 금속 빛의 푸른 눈을 가진" 서른다섯 살의 이 남자는 이탈리아 국회의원이었다. 하긴 허균도 체포 당시 고위 관직에 있지 않았던가.

이 곱사등이의 이름은 안토니오 그람시이다. 법정에서 그를 기소한 검사는 다음과 같이 논고를 맺었다.

"우리는 이 자의 두뇌가 작동하는 것을 20년 동안 중지시켜 놓아야 한다."

고통 받는 노동자의 현실을 보다

━ 시대와 나라를 막론하고 권력을 누리는 지배 세력은 자신에게 위협이 되는 물음을 던지는 사람은 결코 용납할 수 없는 걸까. 그람시는 감옥에서 몸이 만신창이가 되어 감형을 받고 출옥한 지 사흘 만에 숨을 거두었다. 사실상 파시스트 독재자 무솔리니(1883~1945)가 살해했다고 볼 수 있다. 무솔리니는 152센티미터 '장애인의 몸'은 감옥에 가두고 죽음에 이르게 했지만, 그람시의 '두뇌'는 오히려 21세기인 지금까지 생생하게 살아 있다.

평범한 부모 사이에서 7남매 중 4남으로 태어난 그람시의 운명은 네 살 때부터 시련을 맞았다. 집안일을 돕던 여자의 실수로 계단에서 굴러 떨어진 뒤 그람시는 허리가 굽기 시작한 것이다. 열한 살때 아버지가 '공금 횡령' 누명을 쓰고 투옥되자 학업을 중단하고 사환으로 일하기도 했다. 3년 뒤에야 아버지가 석방되어 그람시는 다시 복학했다.

고향을 떠나 고등학교에 나닐 때에는 하숙생활을 함께한 형이 사회당 열성당원이었기에 자연스럽게 사회주의 문헌들을 읽게 되었다. 공업도시인 토리노에서 대학생이 된 그람시는 한때 언어학자의 꿈을 키우기도 했지만, 주변의 고통 받고 있던 노동자들을 외면할 수 없었다. 그래서 사회당에 가입하고 당 주간지 〈민중의 외침〉에 기자로 들어갔다.

이탈리아 노동자들은 제1차 세계대전 막바지였던 1917년 식량 부족과 물가 상승에 항의해 대규모 봉기를 일으켰다. 정부는 기관총과 탱크를 동원해 50여 명을 학살하고 1,000여 명을 체포했다. 검거망을 벗어난 그람시는 '지하'로 들어간 당에서 지도부로 활동했다. 1918년 11월에 종전이 되고, 이듬해 11월에 열린 선거에서 사회당은 3분의 1을 득표했다. '안토니오 그람시'라는 이름을 유럽 전역에 처음 알린 글은 러시아혁명이 일어나고 몇 달 뒤에 사회당 일간지 〈전진〉에 기고한 '자본론에 거역한 혁명'이다. 마르크스는 생산력이 고도로 발달한 자본주의 국가에서 혁명이 일어나리라고 전망했는데, 자본주의 발달이 더뎌 농업국이라고 할 수 있는 러시아에서 혁명이 일어났기 때문에 당시 유럽의 진보 진영에서는 논쟁이 벌어졌다.

마르크스 이론이 틀렸다거나 러시아혁명은 프롤레타리아 혁명이 아니라는 주장들에 대해 그람시는 모두 '역사유물론에 대한 조잡한 경제결정론'이라고 비판했다. 그람시는 러시아혁명으로 역사유물론의 '도식'은 '폭파'되었다며 역사는 필연이나 숙명 따위가 아님을, 사람들이 스스로 창조해가는 과정임을 '혁명의 실천'으로 입증했다고 평가했다. 그때부터 그람시에게 일관된 실천의 고갱이는 민중의 각성과 그에 근거한 싸움이었다.

유럽 민주주의 발전에 영향을 끼친 『옥중수고』

■ 당시 유럽은 러시아에서 최초의 사회주의 혁명이 성공하고 제국주의 전쟁이 끝나면서 새로운 시대로 접어들고 있었다. 1919년 그람시는 톨리아티와 함께 주간지 〈새 질서〉를 창간하고 혁명의 기반이 될 '공장평의회'를 건설하라고 호소했다. 그가 제시한 공장평의회는 노동조건의 개선을 요구하는 기존 노동조합과 달리, 생산력 향상을 비롯한 공장 운영 전반을 함께 토론하는 기구였다. 그 연장선에서 그람시는 "봉기를 통해 공산주의자라고 자임하는 사람들의 수중에 권력이 장악된다고 해서 그 자체로 그것이 프롤레타리아적이고 공산주의적인 것은 아니다"라고 주장했다. 혁명이 '메시아'에 의존함으로써 노동자들 스스로 주체적 실천과 조직 역량을 키워 가지 못한다면, 오래 지속되지 못하고 파괴될 것이라는 경고였다. 이 경고는 70년이 지나 러시아혁명의 결실인 소비에트사회주의공화국연방이 허망하게 무너져 내린 사건을 분석하는 데도 이론적 무기가 될 수 있다.

그람시의 〈새 질서〉는 이탈리아 진보운동에서 소수로 출발했다. 그런데 1920년 열린 코민테른 2차 대회에서 레닌이 지지하고 나섬으로써 힘을 얻었다. 그람시는 1921년 사회당 전당대회에서 좌파를 이끌고 퇴장한 뒤 이탈리아 혁명을 꿈꾸는 사람들과 너불어 공산당

1922년의 그람시와 주간지 〈새 질서〉 1920년 12월 11일자

그람시는 1919년 토리노 대학교 동창인 타스카, 테라치니, 톨리아티와 사회당 내의 급진 세력의 목소리를 실은 주간지 〈새 질서〉를 창간했다. 그람시가 이끄는 이 그룹은 소수였으나 레닌의 지지로 힘을 얻었고 이 잡지는 나중에 이탈리아 공산당의 기관지가 되었다.

을 세웠다. 하지만 1922년 10월, 그람시가 이탈리아 공산당 대표로 소련에 머물고 있을 때 무솔리니가 권력을 장악하고, 노동자들을 대변하는 정당들을 억압하고 나섰다. 그람시는 예정을 앞당겨 1923년 귀국해 공산당을 이끌었고 하원의원에 선출되었다. 그람시가 노동자와 농민의 연대를 강조하며 파시즘과 맞서던 1926년, 무솔리니는 자신에 대한 '암살 음모'가 드러났다고 발표한 뒤 대대적 검거에 나서 그람시를 체포했다.

무솔리니의 야만적 법정에서 20년 4개월 실형을 선고받은 그람시는 감옥에서 독서에 몰입하는 한편, 줄기차게 글을 써 내려갔다. 2,848쪽에 이르는 필사본은 『옥중수고Prison Notebooks』로 나와 유럽 민주주의 발전에 큰 영향을 끼쳤다. 하지만 병약하고 불면증에 시달리던 그람시의 건강은 장기 복역으로 더욱 악화되었다. 이가 빠지고 음식을 소화하기도 어려워졌다. 경련하며 피를 토하거나 두통 때문에 벽에 머리를 찧기도 했다. 그러한 고통 속에서 써 내려가 결실을 맺은 것이 『옥중수고』였다.

그람시 석방을 요구하는 국제적 캠페인이 막심 고리키, 로맹 롤랑을 중심으로 일어나자 무솔리니는 그람시를 교도소 내 병원으로 옮기고 형량도 줄여 주는 '시늉'을 했다. 하지만 척추 질환에 폐결핵을 비롯한 몹쓸 병균들이 이미 그람시의 온몸에 퍼져 있었다. 출옥해 고향으로 돌아가기로 한 1937년 4월 27일 그람시는 뇌출혈로 숨을 거뒀다.

지배 계급의 이데올로기, 헤게모니

— "왜 이탈리아에서는 가난한 노동자와 농민이 무솔리니의 파시스트 독재를 더 지지하는가?"에서 출발한 그람시의 의문은 "왜 선진 자본주의 국가에서는 혁명이 일어나지 않는가?"로 나아갔다. 옥중의 그람시가 대답으로 내놓은 개념이 바로 '헤게모니hegemony'다. 그람시는 러시아 사회주의자들 사이에서 '정치적 지배'라는 뜻으로 사용되던 '헤게모니'를 끌어와 한 단계 더 발전시켰다. 지배 계급은 피지배 계급인 민중의 자발적 동의를 통해 지배하는데, 이를 가능하게 만드는 '문화적·도덕적, 이데올로기적 지도력'을 '헤게모니'로 규정했다. 헤게모니는 민중으로 하여금 지배 계급 이데올로기를 자연스럽고 보편적인 상식으로, 심지어 자기들의 이익을 위해 바람직한 것으로 받아들이게 한다. 그 결과 민중은 자발적으로 체제에 순종할 뿐만 아니라, 지배 계급과 그들의 논리를 비판하고 반대하는 세력을 오히려 혐오하게 된다.

그람시는 헤게모니를 쥔 세력이 그 형성을 주도하며 유지하고 강화해 나가는 특정 역사적 시기의 사회적 구성체를 '역사적 블록 historical bloc'으로 표현했다. 경제적 하부 구조에 정치적·이데올로기적 상부 구조가 결합된 형태다. 역사적 블록을 형성하는 과정에서는 지식인의 역할이 중요하다. 특히 학자나 언론인들과 같은 전문적 지식인들은 자본가들의 자본 축적을 옹호하는 이데올로기를 사회적 상식으로 굳혀 가면서 기존의 역사적 블록을 공고화한다. 물론 그람시는 비관하지 않았다. '지성의 비관과 의지의 낙관'을 강조했듯이 인간에 대한 희망을 잃지 않았다. 그람시에게 사람은 모두 철학자로서 가능성을 지닌 존재였다. 인간은 "어떤 형태로든지 지적 활동을 할 뿐만 아니라 철학자로서 간주되어야 하는 의식적 존재"이기에, 누구든지 지식인이 될 수 있다.

지배 계급에 기여하는 사람들을 '전통적 지식인'으로 규정한 그람시는 지배 이데올로기의 허구성을 깨닫고, 실제 삶과 유기적으로 연관된 새로운 이데올로기로 민중을 조직함으로써 새로운 사회를 건설해 나가는 데 동참하는 지식인을 '유기적 지식인'으로 명명했다. 유기적 지식인은 지배 계급이 퍼뜨리는 이데올로기의 허구성을 폭로하면서, 대항 세력에게 끊임없이 정치교육을 해 나간다. 강제와 동의를 바탕으로 지배 계급의 헤게모니 전략이 관철되는 곳이 국가라면, 시민사회는 그들의 헤게모니 전략이 평가받고 도전받는 경쟁의 마당이자 전장이다. 유기적 지식인들은 대항 헤게모니counter-hegemony를 창출하며 기존의 역사적 블록을 해체하는 데 나설 수 있다. 상식으로 통용되는 이데올로기가 실은 헤게모니를 거머쥔 세력의 이익을 위한 것임을 민중이 깨달을 때 새로운 시대가 가능하다.

감옥에 갇힌 그람시는 그 시절을 자신의 인생에서 가장 행복한 순간으로 회고했다. 그람시는 병세가 악화되어 감옥에서 살아서 나갈 가능성이 시나브로 사라져 갈 때, 어린 아들을 위해 동화를 썼다. 이탈리아 공산당 대표로 소련에 미물 무렵 그람시는 한 바이올리니스트를 만나 사랑에 빠졌다. 그녀와 결혼해 두 아들을 얻었지만, 그 람시가 체포되면서 아내는 신경쇠약에 걸려 면회를 올 수 없었다.

그람시는 아내에게 보낸 편지에 아들을 위한 이야기를 적었다. 편지에 쓴 그 이야기는 훗날 『생쥐와 산』이라는 그림책으로 출간됐다. 그람시가 한 아이의 아버지로서 쓴 동화는 생쥐가 아이의 우유를 마시는 장면에서 시작한다. 울음을 터뜨리는 아이에게 미안한 마음이 든 생쥐는 우유를 구하려고 염소를 찾아간다. 하지만 염소는 먹을 풀이 부족해 우유를 줄 수 없다고 말한다. 생쥐는 다시 풀을 찾아 들판으로 간다. 가뭄으로 풀을 찾기 힘들자 생쥐는 물을 찾아 나선다. 하지만 물이 나오는 곳은 전쟁 때 부서져 물이 줄줄 새고 있었다. 물이 새는 곳을 막을 돌이 필요한 생쥐는 돌을 구하러 산을 찾는다. 하지만 사람들이 나무를 모두 베어 버려 벌거숭이가 된 산은 생쥐의 부탁을 거절당한다. 생쥐는 아이가 자라면 꼭 나무를 심게 하겠다고 산에게 약속한 다음에야 돌을 얻는다. 산에게 받은 돌로 물이 새는 곳을 막자, 물이 잘 흐르고, 풀이 자라 염소는 생쥐에게 우유를 준다. 생쥐가 가져온 우유를 마신 아이는 잘 자라서 약속대로 산에 나무를 심는다. 벌거벗었던 산은 푸른 나무로 덮여 간다.

그람시는 왜 『생쥐와 산』을 아들(더 넓게 생각하면 인류 후손)에게 들려주고 싶었을까. 한 잔의 우유를 얻기까지 땀 흘리는 생쥐의 노동을 보여 주기 위함일까, 이해관계에 매몰된 개개인을 서로 이이 마침내 세상을 바꾼 이야기를 전해 주기 위함일까. 혹시 그람시의

그람시의 묘

이탈리아 로마에 있는 그람시의 묘이다. 그람시는 세상을 떠났지만 민중의 새로운 헤게모니를 형성을 주장한 그의 '두뇌'는 21세기인 오늘날에도 생생하게 살아 있다. (출처 CC BY-SA 3.0)

동화에는 세상을 바꾸려면 포기하지 말고 차근차근 각각의 '진지'에서 할 일을 실천하라는 가르침이 담겨 있는 것은 아닐까.

그람시는 기동전 못지않게 진지전$^{war\ of\ position}$을 주창했다. 진지전에서 중요한 것은 지적·도덕적 개혁이다. 기동전과 달리 헤게모니 형성이 관건이기 때문이다. 지적이고 도덕적인 민중이 힘을 모을 때 새로운 세상을 건설할 수 있다고 그람시는 판단했다. 조각조각 갈라져 있는 민중을 하나로 이어가며 새로운 헤게모니를 형성하는 일이 진지전의 고갱이라면, 혹시 그 전형은 '산'까지 움직인 '생쥐'가 아닐까. 20세기 후반에 새로운 사상과 이론들이 연이어 나타났지만, 정작 '대항 헤게모니'를 이루는 데 실패한 까닭은 무엇일까. 바로 그곳에서 '곱사등이의 두뇌'는 여전히 살아 있지 않을까. 사람은 누구나 철학자라는 그람시의 믿음에 기대어 현재를 살아가는 민중 개개인에게 정중히 묻고 싶다.

"세상에 가장 무서운 것은 민중인데 언제나 부림을 당하는 까닭은 무엇인가?"

─ 유기적 지식인은 21세기에 어떻게 살아야 하나?

─ 헤게모니가 관철되고 있는 사례는 무엇이 있나?

─ 오늘날 대항 헤게모니로 어떤 것을 들 수 있을까?

••••••• **더 읽어 볼 만한 책**

『그람시의 옥중수고1, 2』, 안토니오 그람시 저, 이상훈 역, 거름, 1999

『감옥에서 보낸 편지』, 안토니오 그람시 저, 양희정 역, 민음사, 2000

『생쥐와 산』, 안토니오 그람시 저, 유지연 역, 계수나무, 2013

「그람시의 시민교육론에 관한 연구」, 안승대, 〈교육문제연구〉 제39집,
　　109~130쪽, 2011

10

진리의 길을 걸어간 위대한 영혼

마하트마 간디

Mahatma Gandhi
1869~1948
인도의 민족운동 지도자

유럽에서 그람시가 '진지전'을 논리적으로 전개해 나가던 그 시기에, 인도에서는 간디가 비폭력 저항운동을 실천해 나가고 있었다. 그람시는 간디의 보이콧운동을 진지전의 보기로 소개했다. 간디와 그람시의 공통점은 더 찾을 수 있다. 두 사람 모두 정치를 가치와 연결해 사고했고, 그에 따라 민중의 지적, 도덕적 힘을 역설했다. 간디의 삶은 그가 자서전에서 밝혔듯이 "진리를 실험하는 길"이었다. 자서전에는 끊임없는 성찰로 진리의 길을 걸어가는 인간 간디가 있다. 영국 제국주의에 맞선 인도 독립운동은 간디에게 진리를 추구하는 길과 맞닿아 있었다.

간디가 식민지 지배를 받고 있던 인도 사람들을 각성시키고 단결시켜 투쟁으로 이끈 사상의 고갱이는 '사티아그라하'다. 사티아그라하는 산스크리트어로 '궁극적 실재'를 뜻하는 '사티아'와 '힘, 또는 파지(把持, seizing)'를 의미하는 '그라하'의 합성어다. 우리나라에서는 일찍이 함석헌이 '진리 파지'로 소개했다. 간디에게 궁극적 실재는 곧 진리였기에, 사티아그라하를 '진리 파지'로 옮길 수 있지만, 진리의 힘을 뜻하기도 한다. 따라서 사티아그라하는 '진리를 파악하여 그것을 지니는 사람의 힘'으로 정리할 수 있다.

구체적인 실천으로 얻는 진리

— 간디는 사람들이 저마다 지니고 있는 진리의 빛을 드러내면 세상의 어두움은 사라진다고 생각했다. 간디의 어머니는 인도 고유종교인 힌두교의 독실한 신자였다. 간디는 힌두교 수행자들을 보며 진리의 빛을 드러내려면 욕망을 절제하고 경건하게 자신을 다스려야 한다고 믿었다. 하지만 현실은 사티아그라하와 거리가 멀었다. 영국은 인도를 식민 지배하며 수탈했고 인도인들 사이에서도 가진 자들은 자신의 기득권을 유지하거나 강화하기 위해 다른 인도인을 억압하고 있었다. 간디 스스로도 인종차별의 모욕을 온몸으로 겪었다.

간디는 37세가 된 1906년 '아시아인 차별 법'에 대항하며 처음 사티아그라하를 구상했고, 그 뒤 인도 독립운동을 벌이며 사상을 심화시켜 갔다. 사티아그라하에서 비폭력은 단순히 폭력의 반대말이 아니다. 폭력이라는 부정에 맞서는 진리다. 종교적인 간디에게 진리

God is Truth
The way to Truth
lies through Ahimsa
(non violence,)
sabarmati
13 3/27   MKgandhi

1927년 간디의 손글씨

"God is truth. The way to truth lies through ahimsa(nonviolence)"
간디가 1927년 3월 사바르마티에서 쓴 글이다.
간디는 비폭력Ahimsa은 진리에 이르는 길이라고 여겼다.

는 신과 이어진다. "나는 지금까지의 모든 경험에서, 진리 외에 달리 신은 없다고 확신한다"고 언명했듯이, 간디에게는 신이 진리가 아니라 진리가 신이었다. 바로 그렇기에 비폭력은 약자가 어쩔 수 없이 선택하는 무기가 아니다. 적잖은 이들이 오해하지만, 간디는 "비폭력은 폭력보다도 월등히 나으며 용서는 처벌보다도 한층 더 떳떳하다"고 가르치면서도 "비겁과 폭력 가운데 어느 하나를 택하지 않으면 안 될 경우에는 나는 폭력을 택하도록 권한다"고 명토 박아 밝혔다.

진리를 파악하고 그에 따라 살아가는 사람에게서 나오는 강력한 힘, 사티아그라하는 악을 악으로 대응하지 않는다. 악을 저지르는 상대도 사람이라는 믿음으로 단식이나 불매운동과 같은 '소극적 저항'을 통해 상대가 스스로 잘못을 깨닫게 하여 변화를 이룬다. 간디에게 진리는 개인적인 수행을 넘어 사회적이고 정치적인 생활 속에서 구체적 실천을 통해 구현된다. 사티아그라하를 진전시켜갈 때 간디는 소로의 '시민불복종' 개념과 만났다. 소로의 주장을 그대로 따른 것은 물론 아니다. '시민불복종'에 관한 소로의 글을 보기 전부터 이미 사실상 시민불복종 운동을 벌여 나간 간디는 그것을 '소극적 저항'으로 표현했다. 하지만 소로의 책을 읽고, 운동의 이름을 바꿨다. 그가 싸워 나가야 할 대상인 영국인들에게도 정당성을 얻기 위해서였다. '소극적 저항'보다 '시민불복종'이 투쟁의 뜻을 더 잘 담아낸다는 판단도 있다.

한편 톨스토이의 영향도 받았다. "신의 나라Kingdom of god는 진리를 위해 자기 외부의 비본질적인 것들을 희생시킬 때 얻을 수 있다"는 톨스토이의 말에 공감한 간디는 집착해 왔던 소유욕이나 쾌락 따위를 없앰으로써 자신을 정화해 나갔다. 옳지 못한 정부에 협조하거나 복종하지 말라는 톨스토이의 주장은 소로와 이어져 있었다. 1909년 간디는 톨스토이에게 쓴 편지에서 인도인을 차별하는 영국 법에 맞서 자신이 벌여 나가는 '소극적 저항' 운동을 소개했다. 톨스토이는 관심을 보이며 답장을 보냈다. 1910년 마지막이 된 세 번째 편지(간디는 톨스토이가 죽은 뒤 그 편지를 받았다.)에서 톨스토이는 다음과 같이 썼다.

"나는 오래 살면 살수록, 그리고 죽음이 가까워 오는 것을 강하게 느끼고 있는 지금 내가 특별히 강하게 느끼고 있으며, 또 내 생각에 극히 중대하다고 여겨지는 것을 사람들에게 알려야겠다고 생각합니다. 그것은 무저항주의입니다. 그것은 본질적으로 말해 모든 오해와 왜곡을 떠난 사랑의 가르침 자체입니다. 이 법은 인도, 중국, 유대, 그리스, 로마 등 세계 모든 성인에 의해 전해졌습니다."

간디는 톨스토이를 거인으로 여기며 존경했다. 바로 이 지점에서 간디와 레닌은 다른 길을 걷는다. 두 사람은 한 살 차이로 각각 인도와 러시아의 길을 새롭게 열었다. 1869년생 간디가 톨스토이에 감명 받고 있을 때, 1870년생 레닌은 톨스토이의 작품이 노동 계급의 적을 또렷하게 보여 주었다는 점에서는 긍정적으로 평가했지만, 악에 대한 무저항이야말로 그의 농노 해방이 실패한 결정적 원인이라고 단호하게 규정지었다. 물론, 톨스토이는 레닌의 비판을 수긍하지도 침묵하지도 않았다. 톨스토이는 혁명적 폭력으로 권력을 잡으면 그들이 타도한 차르 제정만큼이나 폭압적인 제도를 만들 것이라고 경고했다.

주목할 것은 레닌과 간디가 정부를 밑으로부터 전복시킨다는 혁명적 발상을 공유했다는 사실이다. 다만 혁명의 방법이 달랐다. 간디는 인간이 다른 사람에 대한 혐오를 폭력으로 다스리려는 습성이 있다고 보았다. 그런데 폭력은 반드시 또 다른 폭력을 불러오고, 정의를 확보하기는커녕 또 다른 피를 부른다고 판단했다. 간디가 비폭력을 내걸며 사람에 대한 신뢰와 사랑을 강조한 것도 이 때문이다. 간디에게 비폭력은 "인간적으로 가능한 최대한의 완벽성을 갖춘 자기 정화"로, 사람이 사람으로서 존엄성을 회복하고 완결하는 휴머니즘의 길이었다.

독립적인 주권을 행사하는 마을 공화국

— 그 연장선에서 간디는 바람직한 국가 모델로 '자기통치'를 제시했다. 간디에게 참된 자치는 자기 지배이자 자기 억제이다. '스와라지'로 알려진 간디의 독립운동 선략은 난순한 정치적 독립이 아니라

경제적 자립, 정신적 자립, 윤리적 자립을 비롯한 인간의 전면적인 자립을 의미했다. 생산수단에 대해서도 명확하게 밝혔다. 생산수단에 휘둘리지 말고 개개인이 생산수단을 통제할 수 있어야 한다는 것이다. 실제로 간디가 주도한 인도 '국민회의'는 1921년부터 마을 단위에서 회원을 모집하고, 조직화, 의식화, 경제 자립에 온 힘을 기울여 나갔다. 밑으로부터 조직해 마을 사람들의 생활에 중심을 둔 운동이 인도 전역에 퍼져 가면 제국주의 통치 권위는 시나브로 약해질 수밖에 없고, 최후에는 영국의 식민통치가 무력해짐으로써 두 손을 들 수밖에 없다고 보았다. 물론 간디에게 영국으로부터의 독립은 목적이 아니라 수단이었다. 목적은 마을 사람들의 스와라지, 곧 '평등과 자립'이다.

비폭력·비협력운동은 정부를 뒤엎는 게 아니라 밑으로부터 확산되어 점차로 권위를 잃게 만들고 공허하게 만듦으로써 어느 순간 국가주권이 정부로부터 국민 쪽으로 넘어오게 만드는 전략이다. 권력은 그 권력에 의해 관리되고, 휘둘리며 억압받는 사람들의 협력으로 발생하는 것이라는 통찰은 같은 시기 그람시가 옥중에서 제시한 헤게모니 개념을 떠올리게 한다. 주권은 획득하는 것도 요구하는 것도 아니고, 행하는 것이라는 간디의 통찰, 비협조는 누구나 할 수 있는 방법이며 개개인이 국가의 주인임을 가장 쉽고 확실하게 나타낼 수 있는 행동이라는 간디의 호소에 인도인들은 호응했다.

마침내 인도 국민회의는 비폭력 투쟁으로 독립을 성취했다. 하지만 독립 후 인도가 걸어가야 할 길을 놓고 국민회의의 정신적 지도자 간디와 정치적 지도자로 커 온 네루 사이에 갈등이 불거졌다.

간디는 인도의 미래를 기존의 국가와는 전혀 다른 국가로 제시했다. 인도의 70만 개 마을 하나하나가 독립적인 주권을 행사하는 마을 공화국이 되고 국가는 그 마을 공화국들의 연합체가 되는 완전히 새로운 개념의 국가 모델, 밑에서부터 위로 국가를 건설하는 계획을 간디는 인도의 길로 제시했다. 여기서 주권은 민중이라는 막연한 존재에 있는 게 아니라 구체적이고 확실한 조직, 각각의 마을에 있다. 이 국가 모델에서 주권재민은 국가 권력을 정당화하는 이데올로기가 아니라 정치·경제적 구조에 살아 숨 쉬는 원리가 된다.

바로 그 점에서 간디는 놀라운 일관성을 보여 준다. 마을 사람들의 일상생활을 중심으로 밑으로부터 권력의 권위를 엷어지게 만들어 마침내 영국 식민지 지배를 무력하게 만든 전략을 인도가 독립한 뒤에도 관철시켜 나가야 옳다고 보았다. 하지만 영국으로부터 독립한 인도에서 70만 개 마을로 권력을 돌리자는 간디의 호소는 국민회의의 현실적 정치인들에게 받아들여지지 않았다. 국민회의 정치인들에게 간디의 구상은 독립한 인도를 현대적 산업국가로 만들어가려는 자신들의 목표를 원천적으로 가로막는 위험한 발상이었다.

간디는 사람의 삶에 중요한 것은 물질적 풍요가 아니라 정신의 안락이고, 지나친 풍요는 오히려 사람을 타락시키기 때문에, 최소한의 생활필수품으로 만족해야 한다고 호소했다. 하지만 네루는 전근대적으로 낙후한 인도의 농촌을 근대화하고 합리적 계획과 과학기술로 공업화, 산업화를 이뤄야 한다는 주장을 굽힐 뜻이 전혀 없었다. 인도 독립 이후 간디와 네루는 사실상 결별했다. 네루는 간디를 '위대한 모순덩어리'로 평했고, 국민회의 정치인들은 네루를 지지했다. 본디 권력에 욕심이 없던 간디는 네루가 바른 방향으로 가도록 압박하는 단체 조직에 나섰다. 네루의 산업화 정책에 따르는 비인간화 현상, 네루의 일당 독재 가능성을 우려했기 때문이다.

또한 1947년 인도가 독립했을 때, 힌두교와 이슬람교 갈등을 해결하지 못해 파키스탄이 이슬람국가로 분리되었다. 하나의 인도가 두 나라로 나뉘자 간디는 인도 독립기념식장 참석을 거부했다. 이어 이슬람과 힌두의 융합을 간절하게 호소했지만, 현실적으로 종교의 벽은 높았다. 신이 진리가 아니라 진리야말로 신이라는 간디의 호소는 근본주의적 종교인들에게 옳지 못한 주장으로 다가왔다. 인도가 독립한 지 1년도 채 안 된 1948년 1월 30일, 간디는 과격한 힌두교도의 총탄에 목숨을 잃었다. 네루는 간디의 죽음 앞에서 "우리의 삶을 따뜻하게 밝혀 주던 태양이 졌다"고 말했다. 하지만 간디는 여전히 인도를 밝혀 주고 있다. 인도의 수도 델리 도심에는 간디를 기리는 기념관과 큰 공원이 조성되어 있다. 간디를 화장한 곳은 지금도 24시간 꺼지지 않는 불길이 활활 타오른다. 인도인들은 그를 '마하트마(위대한 영혼)'로 부른다. 인도인에게 '인도 건국의 아버지'는 네루가 아니라 단연 간디다.

1942년 봄베이에서 간디와 네루

인도 국민회의는 1942년 봄베이 대회에서 영국 세력의 즉시 철수를 요구하며 대규모 비폭력 운동을 벌였다. 이로 인해 간디는 고령의 나이에 또다시 감옥 신세를 지게 되었다. 네루는 간디의 지지자이자 조력자였으나 인도 독립 이후 간디와 결별했다.

간디의 구상은 네루가 보았듯이 비현실적일 수 있다. 만일 네루 (그의 딸은 '간디' 성을 가진 사람과 결혼해 성이 바뀌었다. 네루의 딸 인디라 간디도, 그녀의 아들 라지브 간디도 집권했다. 두 사람 모두 암살당했지만, 네루 집안은 인도의 대표적 권세가다.)와 국민회의가 간디의 호소를 따랐다면, 인도의 산업화는 더디게 진행되었을지도 모른다. 하지만 그 시대를 살아간 인도인들은 더 행복하지 않았을까. 오늘날 인도를 여행하는 사람이라면 누구나 대륙을 가로지르는 철길 옆으로 쓰레기가 끝없이 이어지고 그곳을 뒤적이는 인도인들의 살풍경을 만날 수 있다. 과연 그것이 간디가 바란 인도의 모습일까.

비단 인도만이 아니다. 세계의 모든 나라가 자본주의에 근거한 근대국가 모델을 따름으로써 지구촌에는 분쟁이 끊임없이 일어나고 빈익빈 부익부가 보편화하며 생태계가 위기를 맞고 있는 21세기에 간디의 정치·경제 구상은 새로운 의미를 지닌다. 지금 이 순간도 세계 곳곳에서 실험되고 있는 다채로운 지역공동체 운동, 협동운동들은 간디가 제안한 '마을 공화국' 구상과 크게 다르지 않다. 위대한 영혼 간디는 이미 그렇게 지구촌 곳곳 '진지'에서 부활하고 있는 것은 아닐까.

— 사티아그라하는 오늘날에도 유용한가?

— 간디와 레닌의 공통점과 차이점은 무엇인가?

— 간디의 정치 · 경제 구상은 현실에서 가능할까?

······· **더 읽어 볼 만한 책**

『간디자서전』, 마하트마 간디 저, 박석일 역, 동서문화사, 2009

『간디의 '위험한' 평화헌법』, C. 더글러스 러미스 저, 김종철 역, 녹색평론
　　사, 2014

『간디의 생애와 사상』, 차기벽 저, 태양문화사, 1977

11

사회를 날카롭게 분석한
천재의 대명사

알베르트 아인슈타인

Albert Einstein
1879~1955
독일 태생의 과학자

비폭력 저항운동을 벌여 가던 간디를 일러 "다음 세대들은 이런 사람이 실제로 살아서 이 지구 위를 걸어 다녔다는 사실을 믿기 어려울 것"이라고 평한 사람이 있다. 간디의 금욕과 자기 정화, '마을 공화국 연방'은 오락과 향락에 젖어가는 소비형 인간들은 물론, 타인을 착취하는 데 능수능란한 신자유주의자들에게는 촌스럽거나 낯선 것일 터다. 간디의 삶에서 인간성의 거룩함을 간파한 사람은 인류가 낳은 '천재의 대명사' 알베르트 아인슈타인이다. 간디와 같은 시대를 살아간 그는 1879년 독일의 유대인 집안에서 태어났다. 아버지는 작은 전기발전 공장을 운영했고, 어머니는 음악적 감수성이 풍부했다. 흔히 과학과 음악을 상극이라 여기기 십상이지만, '과학의 대명사'이기도 한 아인슈타인은 바이올린을 즐겼다. 그는 과학자의 길을 걷지 않았더라면 음악가의 길을 걸었으리라 회고하기도 했다.

천재의 대명사로만 불린 아인슈타인

━ 학창 시절 아인슈타인은 천재가 아니었다. 당시 독일의 엄격한 훈육에 적응하지 못한 소년 아인슈타인은 암기 중심의 학교 교육에서 뒤처졌다. 졸업장이 없어 독일에서는 대학에 들어갈 수 없었다. 스위스로 옮겨서도 한차례 낙방 끝에 연방공과대학 물리학과에 가까스로 들어갔으며 대학에서도 돋보이는 존재가 아니었다. 대학 시절 한 교수는 그를 '게으른 개'로 불렀다. 하지만 아인슈타인은 대학 교수들이 가르치지 않던 전자기학을 홀로 공부해 나갔다. 대학을 마치자 대학원 진학은 하지 않고 스위스 특허국에 취업해 그곳에서 인류의 우주관에 새로운 지평을 연 논문들을 곰비임비 쏟아냈다. 물리학계에서는 1905년을 '경이의 해'로 부를 정도다. 그는 "누구의 도움을 받지도 않고, 다른 사람의 의견을 듣지도 않은 채 완전히 자신의 생각"으로 논문을 썼다.

아인슈타인의 상대성 이론은 절대적 시간과 공간 개념에 토대를 둔 뉴턴 물리학을 넘어서서 우주 탐구에 새 길을 열었다. 노벨 물리학상을 받은 아인슈타인은 독일에 히틀러 정권이 들어서자 미국으로 옮겨갔다. 제2차 세계대전이 일어났을 때 미국에 살고 있던 아인슈타인이 대통령 루스벨트에게 히틀러가 새로운 폭탄을 개발할 수 있다는 경고성 편지를 보낸 것은 잘 알려진 사실이다. 루스벨트는 아인슈타인의 편지를 받고 '맨해튼 프로젝트'를 시작해 히틀러보다 앞서 원자폭탄을 개발했다. 원자폭탄이 일본에 떨어져 대량살상을 불러오자 아인슈타인은 내 인생에서 한 가지 큰 실수를 저질렀다고 후회했다. 아인슈타인은 후회에서 멈추지 않았고 다양하고 활발하게 정치적 활동을 벌여 갔다. 미국 사회의 인종 차별에 단호히 반대했고, 정치적 반대자를 빨갱이로 몰아 매장하는 매카시즘(매카시가 행한 극단적이고 초보수적인 반공주의 선풍. 또는 정적이나 체제에 반대하는 사람을 공산주의자로 몰아 처벌하려는 경향이나 태도)에도 침묵하지 않고 맞서는 용기를 보였다.

그럼에도 21세기 지구촌은 그를 과학이나 천재의 대명사로만 여겨 왔다. 심지어 상품 이름이나 광고에 '아인슈타인'을 남용하기도 했다. 2015년 4월 아인슈타인의 60주기를 맞아 한국은 물론 지구촌의 관심사는 아인슈타인의 연애편지였다. 스위스 베른역사박물관이 60주기를 맞아 아인슈타인이 첫사랑에게 쓴 연애편지를 포함해 100여 점의 편지를 특별 공개했다. 지구촌 네티즌들은 아인슈타인이라는 천재에게 있어 연애와 사랑은 무엇일까 궁금해했다. 눈부신 과학적 성취를 일궈낸 그의 천재성에 대한 호기심은 이미 영면 직후 동료 과학자들이 도대체 그의 두뇌가 어떻게 생겼을까 궁금해 해부에 나설 정도로 컸다.

아인슈타인을 묘사한 카툰 '아인슈타인, 검을 들다'

뉴욕 브루클린에서 발행된 신문 〈브루클린 이글〉에 1933년에 실린 카툰이다. 바닥에 잘린 날개에는 '무저항 파시즘'이라고 적혀 있고, 가운데 기둥에는 '세계 평화'라고 적혀 있다. 그는 팔을 걷으며 '준비'라고 적힌 칼을 들고 있다.

잡다한 호기심 속에서도 정작 '인류가 낳은 천재' 아인슈타인이 정치와 경제, 역사를 바라본 시각은 내내 파묻혀 왔다. 왜 그럴까. 그의 정치관, 역사관이 불편한 사람들, 아니 위협을 느낀 사람들이 아인슈타인을 철저하게 '과학자'나 '바람둥이 천재'로 틀 지워왔기 때문이다. 아인슈타인의 정치사회관은 그가 공들여 쓴 글에 또렷하게 남아 있다. 미국의 월간지 〈먼슬리 리뷰Monthly Review〉 창간호(1949년 5월호)에 기고한 글이 그것이다.

글머리에서 아인슈타인은 "경제나 사회 문제 전문가가 아닌 사람"이 정치적 견해를 표현해도 되는 걸까라고 물은 뒤 긍정하는 이유를 밝혔다. 방법론상으로 우주과학과 경제과학에 본질적인 차이가 있는 것 같지 않다며, 많은 현상들의 관계를 가능한 한 명확하게 파악하려고 현상들의 일반적인 법칙을 찾으려 시도한다는 점에서 그렇다고 말했다. 다만 현실적으로 경제학에서 일반 법칙을 발견하기는 어렵다고 지적한다. 따로 떼어내서 정확하게 평가하기 어려운 많은 요인들이 경제 현상들에 종종 영향을 끼치기 때문이다.

아인슈타인은 인간 발전의 '약탈 단계'를 우리가 진정으로 넘어서지 못했기에 관찰할 수 있는 경제적 사실들 또한 그 단계에 속하며, 약탈 단계에서 추출한 법칙을 다른 단계에 적용할 수 없다고 보았다. 따라서 "인간 발전의 약탈 단계를 극복하고 전진하는" 과정에서 "현 단계 경제학은 빛을 제시하기 어렵다"고 단언했다. '위대한 과학자'가 과학의 한계를 고백한 이유가 자못 흥미롭다.

MAY 1949

MONTHLY REVIEW

AN INDEPENDENT SOCIALIST MAGAZINE

WHERE WE STAND — Introductory Editorial

REVIEW OF THE MONTH

WHY SOCIALISM? — Albert Einstein

RECENT DEVELOPMENTS IN AMERICAN CAPITALISM — Paul M. Sweezy

SOCIALISM AND AMERICAN LABOR — Leo Huberman

TRANSITION TO SOCIALISM IN EASTERN EUROPE — Otto Nathan

VOL. 1

1

ITORS . . . LEO HUBERMAN . . . PAUL M. SWEEZY

〈먼슬리 리뷰〉 창간호

1949년 5월에 처음 발행된 〈먼슬리 리뷰〉에 아인슈타인은 「WHY SOCIALISM?」이라는 글을 기고했다. 〈먼슬리 리뷰〉는 미국의 독립적 사회주의 잡지로 미국의 마르크스주의자이자 경제 학자인 폴 스위지가 창간했다.

과학은 "목적을 이루는 도구를 제시할 뿐이다. 목적을 인식하는 것은 높은 윤리적 이상을 갖춘 사람들"이라고 본 아인슈타인은 "사람 문제에 관한 한 과학과 과학적 방법을 과대평가하지 않아야 한다. 또 우리는 사회 조직에 영향을 미치는 문제에 대해 의사 표시할 수 있는 사람이란 전문가들뿐이라고 생각해서도 안 된다"고 강조했다. 그 맥락에서 아인슈타인은 개인들이 크든 작든 스스로가 소속된 집단에 대해 무관심한 상황을 우려했다.

아인슈타인이 보기에 "우리 시대의 개인은 자신이 사회에 의존한다는 점을 어느 때보다 더 잘 인식하게 됐다. 그러나 개인은 이 의존성을 긍정적인 자산, 유기적 연관성, 보호해주는 힘으로 느끼는 것이 아니라 자신의 자연적인 권리, 한걸음 더 나아가 경제적 생존에 대한 위협"으로 느끼며 바로 그 때문에 사회적 지위가 어떻든 간에 모든 사람이 "이기주의의 포로"가 되었다고 개탄했다. 그 결과 현대인은 "불안해지고 외로우며, 순진하고 단순하며 세련되지 못한 삶의 쾌락을 추구하고 있다"는 것이다.

눈여겨 볼 글은 일흔 살의 아인슈타인이 그 이유를 에두르지 않고 분명하게 명토 박은 대목이다. 그는 "오늘날 악의 진정한 근원은 자본주의 사회의 경제적 무정부 상태다"라며 이어 자본주의 사회에 대해 비판했다.

"생산은 사용하기 위해서가 아니라 이익을 얻기 위해 이뤄진다. 일할 능력이 있고 일할 뜻도 있는 사람이 일자리를 가질 보장은 없다. '실업자 군대'는 언제나 존재한다. 노동자는 자신의 일터를 잃지 않을까 하는 두려움을 끊임없이 느끼고 있다. 실업자나 저임 노동자는 이익을 내는 시장을 형성할 능력이 없기 때문에, 소비재 생산은 제한되고 그 결과는 심각한 궁핍이다. 기술 진보는 노동의 짐을 덜어주는 것이 아니라 실업만 증가시키는 결과를 종종 낳는다. 자본가들의 경쟁과 연관된 이윤 동기야말로, 자본 축적과 활용의 불안정과 그 결과로 나타나는 심각한 경기 침체의 원흉이다. 무한 경쟁은 노동의 엄청난 낭비를 유발하며, 개인들의 사회의식을 불구로 만든다."

무엇보다 "개인을 불구로 만드는 것"이야말로 "자본주의의 최대 악"이라고 규정한 아인슈타인은 "지나치게 경쟁적인 태도를 학생들에게 심어주고 있으며 장래의 출세를 위해 성공 지향주의를 숭배하도록 교육하고 있다"고 개탄한다. 물론 현상분석에 머물지 않았다. 악을 제거하는 길 또한 또렷하게 제시했다.

"악을 제거하는 길은 오직 하나뿐이라고 나는 확신한다. 그것은 사회적 목표를 추구하는 교육체계를 동반한 이른바 사회주의 경제를 확립하는 것이다. 이런 경제에서는 생산수단을 사회 전체가 소유하며 계획된 방식으로 이를 활용한다. 생산을 사회의 필요에 맞추는 계획경제는 일할 능력이 있는 모든 사람에게 일감을 분배할 것이고 남자든 여자든 어린아이든 모든 사람에게 생활을 보장할 것이다. 교육은 개인이 타고난 능력을 최대한 발휘하도록 할 뿐 아니라 우리 사회처럼 권력과 출세를 칭송하도록 만드는 대신에 이웃에 대한 책임감을 키우도록 한다."

사적 자본의 독재를 경계하다

■ 여기까지 분석하면, 아인슈타인은 사회주의자였다고 판단하는 게 옳다. 실제로 기고문의 제목도 「왜 사회주의인가?Why Socialism?」이었다. 하지만 그는 소비에트사회주의공화국연방(소련)을 맹목적으로 추종하는 과학자는 아니었다. 명시적이진 않지만 소련에 대해 다음과 같이 일정한 거리감을 두고 있다.

"그럼에도 계획경제가 아직은 사회주의가 아니라는 점을 기억해야 한다. 이런 식의 계획경제는 개인을 완전히 노예화함으로써도 달성할 수 있다. 사회주의를 이루려면 대단히 어려운 사회·정치적 문제를 풀어야 한다. 그 문제란 다음과 같다. 정치적, 경제적 힘이 광범위하게 중앙 집중화할 때, 관료들이 모든 힘을 장악하고 자만해지는 것을 어떻게 막을 것인가? 개인의 권리를 어떻게 보호하고 이를 바탕으로 관료의 권력에 맞서는 민주적인 평형추를 어떻게 확보할 것인가? 사회주의의 목표와 문제를 분명히 하는 것은 지금 이행의 시기에 가장 중요한 일이다."

아인슈타인은 그 문제에 대한 자유롭고 허심탄회한 토론이 중요하다고 역설했다. 따라서 아인슈타인의 글을 정독해야 할 사람은 미국의 자본주의자들만이 아니었다. 소련의 공산당 지도부가 일찌감치 아인슈타인의 말을 경청했다면, 인류의 역사는 사뭇 달라졌을 수도 있다. 아인슈타인의 우려는 놀랍게도 병석의 레닌이 비대해진 국가 관료기구와 그 정점인 스탈린에 맞서 벌인 '마지막 투쟁'을 연상케 한다. 실제로 아인슈타인은 다른 글에서 "나는 사회정의를 이루기 위해 자신의 전 생애와 모든 것을 바쳤다는 점 때문에 레닌을 존경한다"고 밝혔다.

아무튼 스탈린과 소련공산당이 아인슈타인의 지적을 진지하게 수용하지 않았음은 틀림없다. 아인슈타인의 기고문 「왜 사회주의인가?」를 극찬한 러시아 학자 그리바노프가 관료의 권력을 우려한 대목은 전혀 언급하지 않은 사실에서도 확인할 수 있다. 하지만 아인슈타인의 분석은 미국 사회를 더 날카롭게 겨누고 있다.

"사적인 자본은 소수에 집중되는 경향이 있다. 이는 부분적으로 자본가들의 경쟁 때문이다. 부분적으로는 갈수록 늘어나는 노동 분업과 기술개발이 더 많은 생산단위를 만들도록 유도하기 때문이기도 하다. 이런 발전의 결과는 사적 자본의 독재정치다. 이는 민주적인 정치사회조차 효과적으로 제어할 수 없는 거대한 권력이다."

1921년 미국 뉴욕을 방문한 아인슈타인

아인슈타인이 처음 미국 뉴욕을 방문한 1921년의 모습이다. 자동차 행렬이 이어지고 사람들이 손을 흔들며 환영하고 있다. 아인슈타인은 1933년 미국으로 망명해서 여생을 미국에서 보냈다.

이 글은 자본주의가 "사적 자본의 독재정치"가 될 수 있다는 명확한 경고다. 아인슈타인은 "사적 자본가들의 재정지원을 받거나 영향을 받는 정당이 의회를 구성"함으로써 "시민의 대표가 특권 없는 다수의 이해를 제대로 보호하지 못하는 것으로 나타난다"고 분석했다. 더욱 주목할 지점은 주권자에 대한 언급이다.

> "현재의 조건에서는 사적 자본가들이 피치 못하게 주요 정보원, 곧 언론, 라디오, 교육 등을 직접, 간접적으로 지배한다. 그래서 시민 각자가 객관적인 결론을 얻어 자신의 정치적 권리를 현명하게 활용하기는 너무나 어렵고, 대부분의 경우 불가능하다."

아인슈타인은 동시대의 대다수 사람들이 사회 활동에 적극적으로 참여하지 않고 자신의 상황을 제대로 모르고 있는 현상에 가슴 아파했다. 아인슈타인에게 사회 정의가 완전히 실현되는 사회 체제는 사람들이 최소한의 물질적인 욕구를 만족시키기 위해 아등바등할 필요가 없는 사회였다. 기본적인 욕구의 충족은 개인이 정신적인 계발을 추구하는 데 필수적인 전제조건이기 때문이다.

과연 우리는 아인슈타인이 말한 '정의'를 구현한 사회에 살고 있는가. 그 말에 긍정적으로 답할 수 없다면, 아인슈타인의 천재성을 상품광고에 이용하는 자본가들 앞에 우리의 나태함을 뼈저리게 성찰해야 옳다.

인류가 낳은 '천재의 대명사' 아인슈타인이 자본주의 사회의 정치경제, 교육, 언론을 비판한 논리가 경쟁을 지상의 최대가치로 숭배하며 개개인을 불구로 만들어 가는 21세기 한국 사회에 과학처럼 적중하고 있기에 더욱 그렇다. 아인슈타인이 천재적 통찰력으로 파악한 '사적 자본의 독재'라는 말조차 버거워하는 시대에 우리는 살고 있다. 그 현실 인식을 보편화하는 데서 새 길이 열리지 않을까.

**새길을
여는
사유**

— 아인슈타인은 왜 사회주의를 주장했나?

— 아인슈타인이 말한 '사적 자본의 독재'란 무엇인가?

— 우리는 아인슈타인이 말한 '정의'를 구현한 사회에 살고
있는가?

•••••••• **더 읽어 볼 만한 책**

「Why Socialism?」, Albert Einstein, 〈Monthly Review〉, May 1949
「아인슈타인」, D.P. 그리바노프 저, 이영기 역, 일빛, 2001

12

감성의 해방으로
사회 변화를 꿈꾸다

헤르베르트 마르쿠제

Herbert Marcuse
1898~1979
독일 태생 철학자

50대 과학자 아인슈타인이 독일에서 미국으로 망명하던 시기에 30대 철학자가 뉴욕에 도착했다. 아인슈타인이 「왜 사회주의인가?」를 쓸 때 그는 미 국무성에 몸담고 있었지만, 이어 선진 산업 사회를 날카롭게 비판하며 1960년대 미국 대학가의 멘토로 떠오른다. 그의 이름은 마르쿠제이다.

마르쿠제는 1922년 스물네 살 때 독일 프라이부르크 대학에서 철학박사 학위를 취득했고 프랑크푸르트 사회연구소에서 활동했다. 독일에서 히틀러가 집권하자 1934년 그는 미국으로 갔다. 마르쿠제는 68혁명을 비롯해 지구 곳곳에서 벌어진 학생운동의 '이데올로그' 또는 '정신적 스승'이라는 찬사를 받았다.

신자유주의 체제 해방에 영감을 주다

■ 신자유주의가 세상에 고개를 내밀던 1979년 마르쿠제는 운명했다. 하지만 68혁명이 다시 조명받고 있는 지금, 마르쿠제의 사상도 신자유주의 체제를 벗어나는 데 영감을 주고 있다. 68혁명이 일어난 1960년대로부터 반세기 가까이 흘렀지만, 당시와 21세기의 상황이 비슷하다는 분석도 나오고 있다.

당시 미국은 베트남전을 벌이고 있었고, 21세기에 미국은 아프가니스탄에 이어 이라크를 침략했다. 미국이 주도하는 세계 자본주의 체제의 문제점에 비판 여론이 커져가는 상황도 어금버금하다. 미국의 군사적 패권주의와 신자유주의식 세계화가 한계를 드러내고 있기에 더욱 그렇다. 무엇보다 마르쿠제가 비판한 선진 산업 사회의 문제점이 고스란히 이어지고 있다. 과학기술이 고도로 발달하면서 지구촌에는 물질적 풍요가 넘쳐나고 있지만, 국가 수준이든 개인 수준이든 빈인빅 부익부가 고착되어 가고 거의 모든 인류가 자본의 경쟁 체제로 편입됐다.

마르쿠제의 사상은 독일 국민이 투표로 히틀러를 선출하는 현실을 목격하며 영글기 시작했다. 미국으로 건너온 마르쿠제가 중앙정보국CIA 전신인 전략사무국에서 일한 것을 두고 비판도 있지만, 그곳에서 마르쿠제는 나치에 지적·이데올로기적 투쟁을 벌였다. 당시 그의 관심은 나치즘이 독일을 지배하게 만든 요인이 무엇인가에 모아졌다.

"모든 지적 작업은 다음 사실을 이해하려는 의도에서 이루어졌다. 진정한 혁명을 성취할 수 있는 조건이 현실적으로 갖추어져 있는 시대에 도대체 왜 혁명은 와해되거나 타도되었고, 낡은 시대의 세력이 다시 권력을 장악하게 되었으며 더욱 악화된 상태에서 처음부터 다시 모든 것을 시작해야 했는가?"

이 문제를 탐구하며 마르쿠제는 나치 독일이 서유럽의 다른 자본주의 국가들과 전혀 다른 사회라는 '상식'에서 벗어났다. 무력과 억압에 기반한 나치즘의 폭력성을 결코 외면하지 않았지만, 전체주의적 지배의 핵심에 기술적 합리성이 존재한다는 데 주목했다. 히틀러의 이른바 '제3제국'이 "현대 테크노크라시의 한 형태"라고 본 마르쿠제는 기술적 합리성이 생산력을 발전시키고 사람을 노동의 고역에서 자유롭게 해주는 동시에 인간을 체제에 순응케 하고 즉물적 이해관계를 좇게 만든다고 분석했다. 군중은 자신이 길들여진 삶의 양식을 비판하거나 위협하는 사람들에게 오히려 적대감을 표출하거나 적으로 규정한다는 통찰은 깊이 있다.

일차원적 인간에 대한 통찰

■ 나치가 무너진 뒤 마르쿠제의 우려는 선진 산업 사회 해부로 이어졌다. 전쟁이 끝난 뒤 국무성을 거쳐 대학으로 옮긴 마르쿠제의 논리는 날카롭게 벼려졌다. 마르쿠제는 『일차원적 인간』에서 선진

자본주의 사회가 기술적 진보를 몰가치화하고 중립화함으로써 생산성 자체를 지고의 가치로 자기목적화했다고 분석했다. 그 분석은 경제 성장을 최고의 국정목표로 삼아온 한국 사회를 설명하는 데도 빼어난 적실성을 갖는다. 경제 성장률을 핵심 가치로 삼아온 사회에서 '기업하기 좋은 나라'를 부르대는 대통령들이 잇따라 나오는 것은 필연이다.

이미 마르쿠제는 선진 자본주의 사회에서 사람들의 생활은 더욱 살기 편해졌다며 다음과 같이 지적했다.

> "사람들은 자기의 일용품 속에서 자기 자신을 확인한다. 곧 그들은 자기가 가지고 있는 자동차, 하이파이 세트, 실내에 2층 계단이 달린 주택, 부엌 살림살이 등에서 자기의 혼을 발견한다. 개인을 그가 속한 사회에 결부시키는 메커니즘 자체가 변하고, 사회적 통제는 그 사회가 만들어 낸 새로운 욕구 속에 닻을 내린다."

마치 한국의 중산층, 아니 중산층을 꿈꾸는 사람들의 일상과도 같다. 마르쿠제가 본 1960년대의 자본주의 풍경은 시차를 두고 1990년대 이후 한국 사회에서 고스란히 되풀이되고 있는 듯하다.

개개인들이 "생활의 안락을 늘리고 노동생산성을 높이는" 체제에 순응하는 이유는 그들이 '거짓 욕망'에 사로잡혀 있기 때문이다. 산업의 생산성 증가는 다양한 생활품들을 쏟아내면서 풍요를 가져왔

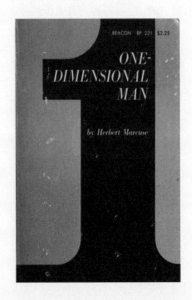

1964년 마르쿠제가 쓴 『일차원적 인간』

마르쿠제는 이 책에서 선진 자본주의 사회에서 개개인들은 지배 계급이 만들어 낸 욕망을 스스로가 선택한 '자율'적 욕망이라고 믿기 때문에 선진 자본주의 사회는 기술의 진보를 바탕으로 현실에 대한 비판을 효과적으로 억제시킬 수 있게 되었다고 주장했다. 이러한 '일차원적 사회'는 효율성과 생활수준 향상 등으로 사회적 모순과 갈등을 은폐한다며 선진 자본주의 사회의 모순을 파헤치고 있다.

다. 기술이 시대를 선도하면서 과학자와 기술자는 새 상품을 끊임없이 개발하고 소비자들이 그 상품을 사도록 인위적 욕망을 불어넣었다. 결국 선진 자본주의 사회에서 개개인들은 지배 계급이 만들어 낸 욕망을 자신이 선택한 '자율'적 욕망으로 믿는다. 『일차원적 인간』의 부제가 '선진 산업 사회의 이데올로기 연구'인 까닭이 여기 있다.

삶의 양식이 평준화하고 보편화함으로써 개개인은 저마다 자신의 이익과 욕망을 추구하는 데 몰입한다. 개인이 보기에 자본가와 노동자는 같은 텔레비전 프로그램을 보고 같은 스포츠 경기를 관람한다. 노동자도 자가용을 굴린다. 물론 자본가는 벤츠를 타고 노동자는 저렴한 차를 타지만, 그것은 어디까지나 개인 능력의 차이일 뿐이다. 따라서 문제는 자신의 경쟁력을 높이는 일, 자기계발에 힘쓰는 일이 된다. 한국 사회에서 자기계발서가 꾸준히 나오는 이유도, 대학생들이 이른바 스펙을 쌓으려고 동분서주하는 이유도 여기 있을 터다.

사회적 모순을 인식하지 못하고 주어진 틀에서 살아가는 현대인들을 마르쿠제는 '일차원적 인간'으로 개념화했다. 물론 선진 산업 사회에서도 비판과 반대운동은 있었다. 하지만 선진 자본주의 체제는 그 비판과 반대운동까지 "왜소화"시켜 현상유지라는 틀 안으로 포섭해 단지 선택의 문제로 격하했다. 바로 이 대목에서 마르쿠제는 마르크스 추종자들과 다르다.

마르쿠제는 마르크스가 살았던 19세기 자본주의 사회와 20세기 후기 자본주의 사회의 차이를 간과하지 않았다. 20세기 자본주의는 세련된 기술로 사회구성원들의 욕구를 만족시키는 상품들을 대량으로 만들어 그들을 자발적으로 예속하게 했다. 자본주의 체제는 진전되지만 마르크스의 예견과 달리 계급의식은 높아지지 않고 당연한 결과로 혁명이 일어날 가능성도 사라졌다. 자본주의 사회는 그 구성원들에게 소비에 대한 열망을 인간의 자연스런 생물학적 욕구로 만들었고, 사회 구조까지 그에 맞춰 변형해 왔다. 소비 경제와 기업 자본주의가 인간이 본능적, 적극적으로 스스로를 상품의 형태로 이해하는 제2본성을 창조했다는 분석이다.

자본주의 사회에서는 인간의 감성마저 소외된 노동에 의존하기에 둔화된다. 둔화된 감성을 지닌 사람들은 현존하는 사회에 의해 만들어진 형태와 기능으로만 사물을 지각할 수 있다. 그래서 억압의 현상에 대항하지 않고 현존 사회가 부여하는 형식과 질서를 되레 적극 수용한다. 오늘날 한국 사회 구성원 대다수가 살아가는 풍경이다.

개인의 창조력과 미적 능력을 실현하는 사회

━ 그렇다면 마르쿠제의 대안은 무엇인가. 마르쿠제는 "숨 막힐 정도로 많은 상품들을 생산하여 음란하게 내보이면서도 희생자들로부터는 생활의 필수품마저 대대적으로 빼앗는" 체제를 "외설적"이라고 비판하고 혁명의 가능성은 '새로운 감성'에 있다고 강조했다. 사치와 낭비로 얼룩진 물신숭배와 가난한 사람들의 고통에 눈감는

비인간적 야만, 아니 '외설'에 대한 혐오감이 새로운 사회를 꿈꾸는 출발점이 될 수 있다. 파괴적 충동이 아닌 삶의 충동, 다른 사람들의 삶과 경쟁하지 않고 공존하겠다는 생물학적 연대감과 협업에 바탕을 둘 때 비로소 "우리 삶에서 처음으로 우리는 우리가 무엇을 할 것인지에 대해 자유롭게 사고하게 될 것"이다.

따라서 마르쿠제는 사회 변화가 개인의 주체성과 열정, 욕구에 뿌리를 두어야 한다고 제안했다. 새로운 감성으로 "생의 욕구를 키워 주어 삶의 기준이 더 나아지도록" 사회를 형성해 가자는 뜻이다. 해방된 감각에서는 자아, 타자, 대상 세계가 경쟁이나 소유의 틀에 갇히지 않기에 인간은 자신의 창조적 능력, 미적 능력을 자유롭게 전개할 수 있다. 그 지점에서 마르쿠제는 개인과 계급의 변증법을 무시 또는 경시하는 교조주의자들과 선을 그었다. 새로운 계급과 집단을 형성하려면 개인의 욕구와 가치를 변환시킬 실천이 필요하다고 본 마르쿠제는 예술과 대항문화에 주목했다. 예술은 길들여진 감성과 손상된 감각을 재구성해 새로운 감성, 감각으로 억압적 이성에 저항의 힘을 급진화시킨다고 보았기 때문이다.

마르쿠제는 미적 심취나 예술 교육이 단지 중산층의 엉뚱한 탐닉이나 한가한 사람들의 취미라는 생각을 파기한다. 그에게 예술은 '총체적으로 동원된 사회에서 비판적 통찰력의 마지막 보루'다. 자본주의는 인간과 자연에 대한 억압과 착취는 물론, 개인의 감성이나 욕구까지 조작하기 때문에 혁명적 실천을 위해서는 의식 해방에 선행하는 감각과 감성의 해방이 이루어져야 한다. "비억압적이고, 에로틱한" 개인들, "감미롭고, 감수성 풍부하며 더는 자신을 부끄럽게 여기지 않을" 사람들이 해방의 주체다. 마르쿠제가 해방의 급진적 가능성을 '미적 실재, 곧 예술작품으로서의 사회'라고 말한 것도 같은 맥락이다.

예술은 매일매일의 진부하고 순응적인 커뮤니케이션 미디어를 넘어서 실재를 재구성할 수 있게 해 준다. 자유에 대한 꿈을 다시 일깨우며 산업 사회의 이데올로기를 비판하기 때문이다. 예술은 "이미 너무 익숙하고 일상화된 우리의 사물을 보고 듣고 느끼고 이해하는 방식을 중단"케 하는 미디어다. 인간의 감각과 감성을 새로운 합리성의 뿌리, 해방을 위한 기반으로 삼는 마르쿠제는 몸을 새롭게 조명한다. 마르쿠제는 육체가 노동만을 위한 도구가 아니라 쾌락의 수단임을 적극 수긍할 때 사물화된 인간이 사물화를 극복할 수 있다고 보았다. 인간은 이성적 존재라는 전제 위에서 가다듬은 '합리화'나 청교도적 죄의식에 터잡은 '엄숙주의'를 벗어나 사람의 감성이 온전히 해방될 때, 새로운 문화가 나타난다. "감성적 이성이라는 미학적 관념"을 통해 비로소 인간의 유희적 충동이 피어나는 문화가 가능하며, 그 공간에서 성과 인간의 해방을 이룰 수 있다. "억압 없는 에로스적 문명"이 그것이다. 억압 없는 문명에서 노동과 놀이는 하나가 된다.

마르쿠제가 새로운 인간을 창출하는 사회 변혁 조건이나 인간

1955년 매사추세츠의 뉴턴에서 마르쿠제

마르쿠제의 주장은 대안이 없는 비판에만 그쳤다는 비난을 받고 있지만 그는 '감각과 감성의 해방'을 통해 자본주의의 거짓 욕구에서 벗어난 새로운 문화의 등장을 기대했다.

해방의 조건에 현실적이지 못하다는 비판이 곰비임비 나오는 것도 이 지점이다. 물론 마르쿠제야말로 마르크스주의자들 가운데 마르크스의 유산에 가장 충실했다는 평가도 있다. 마르크스의 철학은 특정한 원리나 이론에서 출발해 고정 불변하는 궁극적 진리를 발견하는 데 있지 않고, 구체적 현실에서 출발해 그에 적절한 이론적·실천적 전망을 제시하는 데 있다고 보기 때문이다.

마르쿠제가 미학과 성적 차원에 과도한 의미를 부여한다는 비판도 있지만, 마르쿠제의 정치적 전망은 또렷하다. 새로운 감수성으로 '자본주의 정신이 생산해내는 물질적인 쓰레기'로부터 벗어나 '새롭고 지속가능한 노동관계'를 실현하자는 호소다. 자본주의적 거짓 욕구에 사로잡혀 서로에게 파괴적이고 억압적인 인간과 인간, 인간과 자연의 관계를 넘어서서 개개인이 자신의 창조적·미적 능력을 자유롭게 실현할 수 있는 사회를 마르쿠제는 꿈꿨다.

마르쿠제가 살던 20세기에는 상상하기 어려웠을 만큼 21세기는 정보가 넘쳐난다. 정보의 홍수 속에서 감성은 메말라 가는 오늘날, 마르쿠제가 역설한 '감성의 해방'은 진지전을 벌여 나갈 사람들에게 깊은 성찰을 권하고 있다. 그 참호에서 '억압적 관용'도 경계할 필요가 있다. 지배 질서가 개방된 공평함이라는 가면 뒤에 억압을 숨기고 있기 때문이다. 마치 비판을 모두 허용하는 듯하지만 정작 체제에 위협이 될 만한 대안은 교묘하게 차단하는 '억압적 관용'은 새로운 길을 벽벽이 열어가는 사람들에게 마르쿠제가 건네준 거울과도 같다.

새길을
여는
사유

─ 일차원적 인간은 오늘날 누구인가?

─ 마르쿠제가 주장한 '감성의 해방'은 어떤 의미가 있는가?

─ 억압적 관용은 우리 사회에서 어떻게 작동하고 있는가?

······· **더 읽어 볼 만한 책**

『해방론』, 헤르베르트 마르쿠제 저, 김택 역, 울력, 2004

『일차원적 인간』, 헤르베르트 마르쿠제 저, 박병진 역, 한마음사, 1986

『에로스와 문명』, 헤르베르트 마르쿠제 저, 김인환 역, 나남, 2004

「마르쿠제와 랑시에르의 정치미학에 관한 이론적 탐색」, 이영주, 〈커뮤니케
    이션 이론〉, 2013년 겨울호, 176~206쪽

13

소련의 개혁과
진정한 민중 권력을 구상하다
미하일 고르바초프

Mikhail Sergeyevich Gorbachyev
1931~
러시아의 정치가

마르쿠제의 '일차원적 사회' 비판은 선진 자본주의 체제만 겨냥하지 않았다. 마르쿠제는 이미 1960년대에 당시 건재했던 소련과 동유럽의 사회주의 국가들도 "생산력에 대한 물신숭배"에 빠져 자본주의 사회와 똑같이 '기술적 합리성'에 지배받고 있다고 비판했다.

마르쿠제가 소련을 비판하던 시기에 모스크바에서는 촉망받는 공산당원 미하일 고르바초프가 당 개혁을 꿈꾸고 있었다. 1971년 40세의 젊은 나이에 소련공산당 중앙위원회 위원으로 지명된 그는 농업담당 서기를 거쳐 1980년 정치국원으로 소련공산당 지도부의 일원이 되었다. 고르바초프가 눈부시게 '승진'해 간 이면에는 당의 이데올로기 담당 서기 수슬로프의 후견이 있었다. 당의 실세였던 수

162 새 길을 연 사람들

슬로프는 안드로포프와 고르바초프를 키웠다. 1982년 브레즈네프가 고령으로 사망한 뒤 서기장이 된 안드로포프는 관료 부패와 비효율성에 개혁의 칼날을 들이댔지만 15개월 만에 병으로 사망했다. 그 시기에 안드로포프가 총애한 고르바초프의 정치적 기반은 더 확고해졌다. 후임 체르넨코마저 1985년 3월 급사하면서 소련공산당 정치국은 최연소 위원 고르바초프를 서기장으로 선출했다.

최연소 서기장의 소련 개혁

■ 고르바초프는 그때까지의 소련 지도자와 크게 달랐다. 먼저 그가 54세 젊은 나이에 최고 지도자에 오른 것은 소련 역사에서 굉장한 변화였다. 러시아 남자의 평균수명이 63세였던 시기에 정치국원 평균연령은 70세를 웃돌아 '장로정치'라는 비아냥을 받고 있었다. 고르바초프의 언행은 생명력이 넘쳤다. 텔레비전에 등장한 고르바초프의 활달한 모습은 대중적 인기를 모을 만했다. 서방에서는 '고르비 선풍'이 일 정도였다. 게다가 고르바초프는 모스크바대학을 나온 첫 서기장이었다. 소련 최고의 대학을 나온 고르바초프는 선임자들과 달리 지성적 풍모를 자아냈다. 실제로 서기장이 된 직후 고르바초프는 노쇠한 당 간부들을 신진 관료들로 교체했고 아내 라이사를 대동하고 다니며 새로운 바람을 불러일으켰다. 그는 브레즈네프 시대 이래 정체된 소련 경제를 활성화하려고 기술 현대화, 노동생산성 증대와 더불어 부패한 관료기구를 혁신하겠다고 공언했다.

미국 대통령 레이건 부부와 고르바초프 부부

1987년 워싱턴의 러시아대사관에서 양국 부부의 모습이다. 그해 고르바초프와 레이건은 중거
리핵탄도미사일 폐기협정을 체결하였다.

고르바초프는 당 관료들의 반발로 '개혁'이 지지부진하자 글라스노스트(개방)와 페레스트로이카(재구성)를 내걸고 본격적인 정치 경제 개혁에 나섰다. 그해 고르바초프는 미국의 대표적 시사주간지 〈타임〉에 '올해의 인물'로 표지에 실리고, 1989년에는 '1980년대의 인물'로 선정되었다. 1990년에는 노벨평화상을 수상했다.

하지만 러시아 안에서는 그에 대한 평가가 차갑다. 고르바초프는 정교한 준비도 없이 개혁에 나섰다가 자신의 실패는 물론, 소련의 해체를 불러온 인물이라는 비판이 지배적이다. 심지어 동유럽을 서방에 넘겨준 '배신자'라거나 '매국노'로 부르는 사람들도 적지 않다. 그렇다면 고르바초프가 어떠한 새 길을 열어갔는가에 의문을 보내는 사람도 있을 터다. 그럼에도 그가 개혁 초기에 "레닌으로 돌아가자"고 호소했던 문제의식, 그가 설정한 방향에 따라 마르크스주의를 새롭게 재구성한 결과물인 소련공산당의 '강령적 선언'(이하 강령)은 21세기의 새 길을 열어갈 때 가벼이 넘길 수 없는 '참고서'다. 고르바초프는 집권 초기부터 내내 '레닌으로의 회귀'를 주창했다. 고르바초프는 만년의 레닌이 '혁명 속의 혁명'을 추진했다며 "사회주의 이론과 실천의 문제와 관련된 레닌주의의 유산 특히 1917년 10월에서 1923년 사이에 쓰여진 작품들의 연구로 진지하게 돌아가야 한다"고 역설했다. 이어 레닌의 업적과 그의 사회주의 이상이 "변증법적 창조적 사고와 이론적 풍요, 정치적 탁견의 고갈되지 않는 원천"이라고 강조했다.

레닌으로 돌아가자는 고르바초프의 '깃발'에 따라 사상적 탐색을 해 온 소련공산당은 1990년 7월 모스크바에서 열린 소련공산당 28차 당대회에서 '강령'을 채택했다. 강령은 소련이 앞으로 나아갈 사회를 '인간적·민주적 사회주의(ГуманныйДемократический Социализм)'로 개념화했다. 러시아어 'гуманный(구만니)'는 '인도적인, 박애적인, 인정이 있는, 인자함이 넘치는'의 뜻을 아우른다. 강령은 인간적·민주적 사회주의를 '인간이 사회 발전의 목적이며, 정치권력과 물질적 정신적 가치로부터 인간의 소외를 극복한 사회'로 정의했다. '인간'에 대한 강조는 고르바초프가 소련의 사회과학과 철학 담당 학자들이 독단적이고 부적절한 상투어들을 영구화시켜 온 사실을 질책하면서 '따분하고 형식적이며 관료적인 이념교육'을 비판할 때 이미 예고됐다.

진정한 민중 권력의 실현을 구상하다

■ 소련 철학자들 스스로 고백했듯이, 사람에 대한 사회과학적 개념만이 지배해 왔기 때문에 구체적 현실에서 인간을 이해하는 데 어려움을 겪을 수밖에 없었다. 민족주의 문제나 종교 문제에서 특히 두드러졌다. 소련 사회에 퍼져간 알코올 중독이나 마약, 청소년 문제도 종래의 철학 개념으로 설명하기 힘들었다. 철학이 삶으로부터 분리되어 있었다는 반성을 통해 소련 철학은 인간에 대한 관심으로 전환하고, 인간의 문제를 사회주의의 '새로운 얼굴'이라는 주제와

연관지어 탐색했다고 볼 수 있다. 이를테면 고르바초프 시대에 개편된 '철학 교과서'의 대표 저자인 프롤로프는 기존의 철학 교과서가 마르크스·레닌주의 철학을 교조적으로 경전화하고, 삶과 실천에서 유리되어 스콜라적 학문으로 전락해 버렸다고 비판하면서 마르크스·레닌주의 철학의 '인간주의적 전환'을 주장했다.

프롤로프의 제안이 반영된 새 교과서는 종래의 변증법적 유물론과 달리 '존재'의 개념을 '물질' 개념보다 먼저 다뤘다. 존재의 연구가 세계의 통일성을 이해하는 전제라고 규정한 교과서는 "사회 발전의 모든 과정에서, 곧 우리 사회의 경제적, 정치적, 정신적 삶을 개혁하는 데 사람의 역할이 증대되고 있다"며 "사람의 가치가 높게 평가되는 새로운 인간적이고 민주적인 얼굴을 한 사회주의의 창조"를 역설했다.

인간 문제로의 철학적 전환은 새 '정치경제학 교과서'에도 반영되었다. '현대의 사회적 생산체계에서의 인간'을 독립적으로 다루며 생산의 중심적 요소인 사람의 문제를 경제 발전의 주요 변수로 강조했다.

소련공산당과 고르바초프가 야심차게 선언한 강령은 경제발전에도 광범위한 참여가 중요하다며, 개별 경제조직의 민주화로부터 권력으로부터의 소외 극복까지 민주화의 전략적 과제를 폭넓게 제기했다. 고르바초프는 "사회주의 사회의 새로운 모습을 결정할 때 우리 사회의 모든 생활 분야에서 인간적 척도가 우선한다"는 원칙을 철저하게 실현해야 한다"고 강조했다.

이어 '프롤레타리아의 이름으로 당과 국가의 고위간부들이 형성한 전반적인 사회생활의 국유화와 독재'를 비판하고, '진정한 민주정치를 향하여' 권력 만능의 관료주의적 제도로부터 민주적인 사회주의 사회로 이행할 것을 명백히 밝혔다.

고르바초프는 레닌이 만년에 걸었던 길을 따라, 페레스트로이카의 생명력이 정치적으로 민주주의의 발전에 달려 있으며 민주주의는 민중의 창조적 자발성을 자극한다고 말하고, 결국 페레스트로이카는 '민주주의적 방법에 의해, 민중에 의해, 민중을 위해 실현되는 혁명'이라고 선언했다. 심지어 그는 사회주의 사상은 '자유의 사상 идея свободы'이라고 해석하고 민주주의와 자유는 인류 문명의 위대한 가치이며 실질적인 민주주의를 추구한다는 명분으로 민주주의의 형식적 원칙들을 포기해서는 안 된다고 말했다.

고르바초프는 소련 사회의 재건을 위해서 개인의 인격적 자유의 근본적 확장이 필수적이라고 보고, 사람을 책임 있는 주체로서 모든 사회적, 국가적 과업에 참여시켜 '진정한 민중 권력'을 실현하려는 구상이 있었다. 사회주의적 자치와 의회 민주주의를 변증법적으로 결합하여 진실로 인간적인 사회를 건설하겠다고 포부를 밝히기도 했다. 그의 뜻에 따라 강령은 모든 사회단체들이 자신의 이익을 표현하고 주장할 실질적 기회를 법적으로 보장하고, 헌법의 범위 안에서 사회, 정치단체들이 자유롭게 경쟁하도록 함으로써 소련공산당의 배타적 권력을 부정했다. 소련공산당은 '자신의 실천적 활동과 사회 발전 문제의 해결에 있어서 건설적 태도로써, 다른 정치세력과의 자유경쟁을 통해 정치지도자로서의 지위를 주장할 수 있는 정치단체'로 규정했다.

또한 입법과 행정 및 사법권의 분립이 권력 남용을 막기 위해 필요하다고 보고, 특히 입법 과정의 민주성과 공개성을 강조했다. 결국 강령에 나타난 인간적·민주적 사회주의론은 '경쟁적 토대에서 형성되어 법의 테두리 안에서 대의기관과 여론에 의해 조정되는 동태적이고 현대적인 국가기관의 설립'을 과제로 삼고 있다. 부르주아 민주주의의 모든 형식성을 흡수하여 진정한 민주주의를 실현하려는 유토피아적 이상을 담은 셈이다.

좌절된 개혁과 소련의 붕괴

■ 고르바초프의 개혁은 현실의 벽에 부딪쳐 끝내 소련공산당의 몰락과 소련의 붕괴로 귀결되었다. 인간적·민주적 사회주의론의 대외적 표현인 '새로운 사고Новое мышление'는 냉전 체제의 종식이라는 혁명적 변화를 가져온 반면, 국제 정치에서 동유럽 사회주의 정권의 붕괴와 제3세계에 대한 미국 패권의 강화, 전 세계적인 신자유주의 세계화로 귀결된 것은 부인할 수 없는 현실이다. 당시 소련의 새로운 외교정책에 대해 가장 신랄했던 비판은 흥미롭게도 조선로동당의 기관지 〈로동신문〉이 1989년 12월 22일자 논평에서 찾을 수 있다.

논평은 "제국주의자들이 약탈의 본성을 버리지 않는 한 부익부 빈익빈의 양극으로 갈라지고 있는 세계의 평화와 인민들 사이의 모순도 해결할 수 없다"고 못 박았다.

그렇다면 페레스트로이카는 잘못된 선택이었을까. 인간적·민주적 사회주의론은 마르크스와 레닌이 혐오했던 한낱 '미사여구의 공허한 개념'에 지나지 않았던 것일까. 고르바초프는 권좌에서 쫓겨났다. 인간적·민주적 사회주의론도 둡체크의 '인간의 얼굴을 한 사회주의'처럼 역사 속에 사산아로 파묻힌 개념이 되고 말았다. 그러나 페레스트로이카가 스스로 말하고 있는 것처럼 과거의 소련 사회주의가 얼마나 모순에 가득 차 있었는지 되돌아볼 필요가 있다.

비록 실패했지만 페레스트로이카 철학과 정책이 추구하려는 새로운 사회주의로의 실험은 비싼 대가를 치른 교훈으로 남아 있다. 그런 의미에서, 사회주의의 새 길을 찾으려던 인간적·민주적 사회주의론은 마르크스 사상사에서 결코 간과할 수 없는 철학의 무게를 지닌다고 평가할 수 있다. 인간적·민주적 사회주의론의 실패는 '민중의 자기통치'라는 민주주의의 오랜 숙원을 구현해가는 데 처절한 교훈이 될 수 있다. 일찍이 마르크스가 간파했듯이 "인류는 언제나 해결 가능한 문제만 떠맡아 왔다"고 보아야 할까.

고르바초프가 옐친에게 권력을 빼앗기고 몰락해 있을 때 그가 평생 동안 사랑한 아내 라이사가 숨졌다. 고르바초프는 2000년 9월 21일 일기에서 "라이사가 떠난 지 1년이 지났다"며 다음과 같이 썼다.

베를린 장벽에 적힌 'DANKE, GORBI!'

1990년 10월 3일 독일은 하나의 국가가 되었다. 1989년 동유럽 공산주의 체제가 무너져 내릴
때 고르바초프가 이끄는 소련공산당은 과거처럼 소련군을 파병하지 않았다. 고르바초프는
1989년 11월 동독과 서독을 가르던 베를린장벽의 붕괴까지 묵인함으로써 독일 통일의 길을
열어주었다. 'DANKE'는 '고맙다'라는 뜻이다.(출처 CC BY-SA 3.0)

"아무런 양심도, 책임의식도 없는 사람들이 나라의 권력을 차지했다. 도대체 어떻게 그런 일이 일어날 수 있단 말인가? 아내는 가끔 그 일을 입에 올렸고, 그러면 나는 늘 좋은 일만 일어나지는 않는 법이라는 대답을 해주었다."

라이사가 이해할 수 없었을 만큼 실제 옐친은 "아무런 양심도, 책임의식도 없는 사람"이었다. 옐친은 권력을 잡기 위해 미국과 손잡는 일도 서슴지 않았다. 고르바초프는 당 서기장에 취임할 때 소련의 당면 위기를 공개적으로 인정함으로써 위기에 대응하겠다며 "사물을 있는 그대로 볼 것"이라고 공언했다. 하지만 과연 그는 "있는 그대로" 사물을 보았을까. 고르바초프는 소련 민중이 인간적·민주적 사회주의론의 이상에 감동하고 새로운 체제를 실현하는 길에 기꺼이 동참하리라는 낙관적 믿음을 지니고 있었다. 그의 참담한 실패는 사회를 개혁하고 새 길을 열어갈 때 민중에 대한 근거 없는 낙관이 얼마나 위험한가를, 단계적 개혁이 왜 중요한가를, 경제적 안정이 없을 때 새로운 길은 막힐 가능성이 높다는 뼈저린 교훈을 준다.

— 고르바초프는 어떤 사회를 꿈꾸었나?

— 고르바초프의 실패는 불가피했을까?

— 민중인 우리는 민중을 어디까지 믿어야 할까?

······· **더 읽어 볼 만한 책**

『선택(미하일 고르바초프 최후의 자서전)』, 고르바초프 저, 이기동 역, 프리
    뷰, 2013
『정치경제학교과서』, 메드베제프 저, 이항재 역, 사상사, 1990
『무엇을 할 것인가』, 손석춘 저, 시대의창, 2014
『공산주의의 종언』, A. 야코블레프 저, 김병린 역, 나남, 1992
『철학교과서』, N.T 프롤로프 저, 이성백 역, 사상사, 1990

14

경제 대국 중국을 깨운
최고 지도자

덩샤오핑

鄧小平, Deng Xiaoping
1904~1997
중국의 정치가

고르바초프가 소련의 혁신적 재구성(페레스트로이카)을 내걸었을 때, 중국공산당 지도자는 이미 차근차근 개혁에 착근해 가고 있었다. 훌륭한 외모에 아리따운 아내까지 동반하고 서방을 나들이하던 고르바초프와 달리 그는 동그란 얼굴에 키 150센티미터로 '샤오핑小平'이란 이름처럼 '작고 평범한 사람'이었다. 중국이 미국과 21세기 패권을 다투는 국가로 우뚝 서는 길을 연 혁명가, 덩샤오핑이다. 고르바초프와 덩샤오핑은 같은 시기 각각 소련공산당과 중국공산당을 이끌었다. 하지만 고르바초프와 소련공산당은 물론 20세기 후반 내내 미·소 냉전 시대를 이끈 초강대국 소련은 해체된 반면에, 중국공산당은 건재할 뿐만 아니라 소련의 빈자리를 채워 가고 있다.

가난은 사회주의가 아니다

■ 러시아혁명이 일어난 뒤인 1931년에 태어난 고르바초프와 달리 덩샤오핑은 중국혁명의 출발부터 발자취가 뚜렷하다. 20세기 시작 무렵인 1904년 중국 쓰촨성四川省의 부농에서 태어난 그는 일찌감치 프랑스로 유학해 1920년대 초 파리에서 유럽을 유령처럼 떠돌던 공산주의 운동에 동참했다. 모스크바를 거쳐 귀국한 덩샤오핑은 그보다 11세 연상으로 이미 중국 공산주의 운동을 펴 나가고 있던 마오쩌둥毛澤東과 항일무장투쟁에 나섰다. 인민군 정치위원으로 난징 함락을 지휘하며 1949년 중화인민공화국 건국에 큰 기여를 했다. 저우언라이周恩來 총리 아래 1952년 부총리를 맡았고 1954년 당 총서기가 되어 국가주석 류샤오치劉少奇와 함께 경제 발전을 중시하는 실용주의 노선을 펼쳤다. 하지만 권력 상실을 두려워한 마오쩌둥이 1966년 일으킨 문화대혁명으로 '반모反毛 주자파走資派의 수괴'라는 낙인이 찍혀 실각한 뒤 변방의 트랙터 공장 노동자로 일했다.

1973년 3월까지도 여전히 총리로 활동하고 있던 저우언라이는 문화대혁명이 일으킨 경제 침체로 고심하던 마오쩌둥에게 덩샤오핑의 복권을 강력히 요청했다. 20년 만에 다시 부총리로 돌아온 덩샤오핑은 경제 재건에 나서지만, 1976년 1월 저우언라이가 노환으로 죽자 마오쩌둥의 힘을 업은 문화대혁명 주도 세력에 밀려 다시 실각했다. 하지만 그해 9월 마오쩌둥이 죽으면서 상황은 바뀌었다. 마오쩌둥이 지명한 후계자 화궈펑華國鋒은 당 원로들의 거듭된 요청

1957년 모스크바에서 열린 국제 공산당 노동자 회의에서
덩샤오핑(맨 왼쪽), 마오쩌둥, 쑹칭링

덩샤오핑은 중국에 돌아온 뒤 마오쩌둥을 만나 항일무장투쟁을 전개하며 중화인민공화국 건국에 큰 기여를 했다. 쑹칭링은 쑨원의 아내로 쑨원이 사망한 뒤 정치적 활동을 이어가며 1949년에는 중국 부주석을 맡기도 하였다.

으로 1977년 덩샤오핑을 복권시킬 수밖에 없었다. 정계에 복귀한 덩샤오핑과 화궈펑의 위상은 비교 대상이 아니었다. 결국 화궈펑이 물러났지만 덩샤오핑은 그 자리에 오르지 않았다. 1978년 사실상 중국공산당의 최고 지도자가 된 뒤 1997년 숨질 때까지 국가주석은 물론, 총리 자리에도 오르지 않으면서 중국공산당의 실질적인 최고 지도자로 활동했다.

중국공산당은 2011년 창당 90돌을 맞아 발표한 자료에서 당의 역사를 3단계로 나눠 설명했다. 1921년 창당에서부터 항일혁명을 거쳐 중화인민공화국을 건설한 1949년까지를 1단계로, 사회주의 체제를 확립하고 통치 체제를 다진 1978년까지를 2단계로 설정했다. 이어 개혁개방, 중국식 표현으로 '사회주의 시장경제' 초석을 세운 현재까지를 3단계로 규정했다.

중국의 공식 당사가 정리하고 있듯이, 덩샤오핑은 명확한 비전을 제시하며 최고 지도자에 올랐다. 10여 년에 걸친 문화대혁명으로 중국 전역에 걸쳐 가난이 보편화하고 인민들이 고통에 잠긴 현실을 직시한 덩샤오핑은 중국의 새로운 길을 간명하게 천명했다.

"가난은 사회주의가 아니다."

이 유명한 말은 중국의 길을 상징적으로 보여주었지만 새 길을 열어가는 과정은 순탄하지 않았다. 반대론이 양쪽에서 강력하게 나왔다. 먼저 마오쩌둥의 유지를 받들자는 쪽은 덩샤오핑이 제시한 길은 결국 자본주의로 가는 길, 곧 주자파의 길이라고 비판했다. 빈면에 문화대혁명으로 핍박받은 쪽은 마오쩌둥과 분명히 선을 긋자고 주장했다. 마오쩌둥은 전자에게는 위대한 지도자였고, 후자에게는 권력욕의 독재자였다.

마오쩌둥에 대한 정반대의 평가로 갈라진 중국공산당을 덩샤오핑은 하나로 묶었다. "지난날의 과실을 모두 마오 한 사람의 잘못이라고 볼 수는 없다"고 토로한 덩샤오핑은 "마오가 없었다면 새로운 중국도 없었다. 마오는 공이 7할이고 과가 3할"이라고 깔끔하게 정리했다. 이어 덩샤오핑은 톈안먼 광장에 마오쩌둥의 초상화가 영원히 걸려 있을 것이라고 덧붙였다. 결국 중국은 전환기의 혼란을 넘길 수 있었다. 덩샤오핑의 평가는 그대로 공식 당사가 되었다. 2011년 창당 90돌을 맞았을 때 중앙당사연구실 책임자는 "개혁개방 이전 시기의 중국공산당에 대해 외부에서는 박한 평가가 많지만 사회주의 혁명과 건설은 중국공산당의 오늘을 있게 한 풍부한 경험"이라며 "이전 60년이 최근 30년 고속성장의 기반이 됐다"고 강조했다. 마오쩌둥이 공산주의 사회를 이루겠노라고 조급하게 추진한 대약진운동과 문화대혁명은 명백한 오류이지만, 그 시기에 10억 명이 넘는 인구와 광대한 영토를 하나로 묶었기에 1980년대 이후 급속한 경제 성장과 국력 신장이 가능했다는 분석이 지배적이다.

실용주의 노선으로 이룬 중국의 성장

■ 덩샤오핑은 최고 지도자답게 중국의 길을 그때그때 제시했다.

1985년 핵심 당원들에게 "우리의 원칙은 마르크스주의를 실천하는 과정에서 중국만의 독특한 길을 가자는 것이고, 우리는 이것을 중국 특색의 사회주의 건설이라 부른다"고 천명했다. 중국 특색의 사회주의를 건설하자는 덩샤오핑의 뜻은 그의 '흑묘백묘론黑猫白猫論'에서 확연하게 나타난다. '검은 고양이든 흰 고양이든 쥐만 잘 잡으면 된다'는 논리는 중국 안팎에서 덩샤오핑의 실용주의 노선을 상징하는 말이 되었다.

하지만 당 내부에서 다시 비판이 나오기 시작했다. 시장경제 도입이 급물살을 이루면서 중국이 완전히 자본주의 사회로 가고 있다는 국가 정체성에 대한 우려가 그것이다. 더구나 베이징 대학생들이 서방식 정치적 자유를 요구한 '톈안먼사태' 이후 덩샤오핑의 노선도 흔들리기 시작했다. 덩샤오핑은 '톈안먼 시위대'에 탱크를 투입해 정치체제를 확고히 지키면서 당 간부들에게 당부했다.

"냉정하게 관찰하고, 최전선을 튼튼히 하며, 침착하게 대응하면서도 능숙하고 우직하게 행동해야 한다."

덩샤오핑은 이미 80대 후반이 되었지만 1990년 12월 당 간부들과의 회의에서 "자본주의와 사회주의의 구분은 계획경제냐 시장경제냐에 있지 않다. 사회주의에도 시장경제가 있고, 자본주의에도 계획경제가 있다. 시장경제를 도입한다고 해서 우리가 자본주의의 길을 걷는다고 여기지 마라. 우리가 자본주의의 길을 걷는 일은 없을 것이다. 그러니 두려워하지 말고 개혁개방을 추진하라"고 강조했다. 공산당 내부에서 불거지는 우려에 마지막 쐐기를 박고 싶었던 걸까. 만 88세의 덩샤오핑은 중국 남부 지역으로 길을 떠났다. 그가 남부를 순회하며 개혁개방을 강조한 발언들은 중국에서 '남순강화南巡講話'로 불린다. 덩샤오핑은 여느 때보다 단호하게 말했다.

"개혁개방 정책을 수행할 때 우리가 우려해야 할 것은 다급함이 아니라 주저함이다. 국가는 이 정책이 필요하고 인민은 이것을 좋아한다. 누구든 개혁개방 정책에 반대하는 자는 바로 물러나야 한다."

중국공산당은 다시 하나가 되어 개혁개방에 힘을 쏟았다. 그 결과, 수치로 나타난 경제성과는 세계사에서 유례를 찾아보기 어렵다. 중국의 국내총생산은 1978년 이후 100배 넘게 커져 이미 2010년에 일본을 제치고 미국에 이어 세계 2위로 올라섰다. 세계은행을 비롯해 여러 권위 있는 기관들이 2030년에 중국이 미국을 앞지른다는 보고서를 내놓고 있다. 덩샤오핑이 최고 지도자가 되었을 때 중국은 세계적인 '산업 불모지'였지만, 2010년대에 들어서면서 중국은 '세계의 공장'이라거나 '세계의 시장'이라는 찬사를 받고 있다.

덩샤오핑은 1997년 눈을 감았다. 각막을 기증하고 화장해 달라고 유언한 그의 모습은 마지막까지 소탈했다.

만일 고르바초프의 소련공산당이 그들보다 앞서 개혁개방에 나선 중국공산당의 길을 걸었다면 어떻게 되었을까. 공산당의 정치적 지배를 강화하면서 민중의 삶을 개선하는 경제 성장에 집중했다면, 과연 소련은 해체되었을까. 인간적·민주적 사회주의론의 화려한 수

미국 대통령 제럴드 포드와 덩샤오핑

1975년 베이징에서 포드와 덩샤오핑이 이야기를 나누고 있는 모습이다. 덩샤오핑은 중국의 개혁 개방을 이끌어 오늘날 중국이 세계 초강대국으로 발돋움하는 데 큰 역할을 하였다.

사를 미뤄두고 민중의 삶에 더 다가섰다면, 세계사는 사뭇 달라졌을 가능성이 크다. 더구나 당시 고르바초프는 중국, 인도와 함께 '전략적 삼각관계'를 목표로 하고 있었다.

고르바초프가 중국과의 오랜 대치 관계를 끝내고자 베이징을 방문했을 때 마침 톈안먼에서 '자유화 시위'가 벌어지고 있었다. 시위대는 베이징 주재 소련대사관에 고르바초프와의 면담을 소망하는 청원서를 낼 정도로 그를 환영했다. 시위대는 물론 서방의 언론들은 고르바초프와 달리 덩샤오핑은 정치개혁에 나서지 않는다고 비난했다. 하지만 그로부터 2년이 지나 고르바초프와 소련공산당, 소련은 모두 몰락했다. 중국은 공산당의 주도 아래 세계 초강국으로 발돋움했다.

중국을 바꾼 개혁개방의 길

▬ 덩샤오핑은 개혁개방의 길을 걸으면서도 지식인들 사이에 자유화 사조가 무장 커져가는 현상을 직시하고 있었다. 그는 서방의 자유주의 사상이 중국을 오염시킬 수 있다고 우려했다. 그리고 그가 당 총서기로 앉힌 후야오방과 자오쯔양이 그 오염을 막아내는 데 미온적이라고 판단했을 때는 과감하게 자리에서 끌어내렸다. 만일 덩샤오핑의 결단이 없었다면, 중국은 어떻게 되었을까. 한족만이 아니라 여러 민족들의 결합체인 중국이 소련과 같은 분열로 이어지지 않았으리라는 보장은 없다. 이미 그 시기에 미국 중앙정보국CIA과 싱크탱크들은 중

국의 분열을 내심 기대하는 전망을 공공연히 내놓고 있었다.

덩샤오핑이 연 길은 아직 평가가 이를 수 있다. 의견도 사뭇 다르다. 미국 원로정치학자 에즈라 보걸은 방대한 평전에서 덩샤오핑을 "절망적인 가난한 국가에서 세계경제대국으로 중국을 깨운 최고 지도자"라고 격찬했다. 미국 언론인 크리스천 카릴도 덩샤오핑의 개혁은 "인류 역사상 가장 대규모적인 빈곤 탈출 행위였으며, 과거 30년 동안 중국은 시장경제를 추구하여 수억 명이 빈곤에서 탈출했다"고 평가했다.

하지만 덩샤오핑이 마오쩌둥의 정책 실패 앞에서 너무 일찍 '사회주의 정의'를 포기했다는 비판도 나오고 있다. 그 결과 중국이 '불공정한 관료 자본주의 사회'가 되었다는 분석이다. 실제로 자본주의 시장경제 체제가 퍼져 가면서 생활수준이 낮은 노동자들과 농민들은 생존경쟁에 내몰리는 살풍경이 벌어지고 있다. 이들이 거대한 '노동 예비군'이 됨으로써 소수의 관료 자본가들은 얼마든지 합법적 착취가 가능해졌다. 빈부 차이가 갈수록 심각해진 이유다. 그들 자본가와 공산당 관료들이 결탁할 때 정경유착의 부패는 대단히 심각해질 수밖에 없다.

과연 어떤 평가가 옳을까. 틀림없는 사실은 덩샤오핑이 중국을 근본적으로 변화시켰다는 점이다. 중국은 21세기 초강대국이 되었다. 중국공산당의 위용도 놀랍다. 1921년 13명으로 출발한 중국공산당은, 1949년 건국 때는 440만 명, 덩샤오핑이 개혁개방에 나실

때는 3,600만 명이었다. 그리고 2015년에는 8,500만 명이다. 한국은
물론 영국, 프랑스의 전체 인구보다 많은 숫자다. 덩샤오핑은 중국
이 앞으로 100년 동안 개혁개방 정책을 계속해야 한다고 강조했다.
자못 긴 시간이다. 또한 "공산주의 혁명의 결과를 평가하기에는 아
직 너무 이르다. 우리는 과도기에 있다"는 말도 남겼다.

덩샤오핑은 중국의 정치지도자 선출과정도 정착시켰다. 국가주
석은 전국인민대표대회(전인대)에서 재적 과반수 찬성으로 선출한
다. 임기는 전인대 대표와 같은 5년으로, 연임은 가능하지만 연속하
여 3선은 금하고 있다. 장쩌민과 후진타오는 각각 10년씩 연임하고
물러났다. 중화인민공화국과 국경을 맞대고 있는 조선민주주의인민
공화국과 사뭇 대조적이다.

리영희로부터 '마오쩌둥 세례'를 받은 한국의 지식인들은 덩샤
오핑을 경시할 수 있다. 주자파의 낙인이 결국 옳지 않았느냐는 판
단도 얼마든지 가능하다. 하지만 섣부른 판단에 앞서 중국의 새 길
을 엶으로써 미국과 맞서는 초강대국을 건설한 덩샤오핑의 긴 호흡
을 성찰할 필요가 있다.

"쟁론의 여지가 있는 문제는 일단 제쳐두고, 난제는 우리보다 총
명하여 더 나은 방법을 생각해낼 수 있는 후세들이 해결하는 것도
괜찮다."

**새길을
여는
사유**

— 마오쩌둥과 덩샤오핑의 역사적 성취를 비교해 보자.

— 덩샤오핑은 결국 주자파인가?

— 중국공산당의 미래는 어떻게 될까?

•••••• 더 읽어 볼 만한 책

『덩샤오핑 평전』, 에즈라 보걸 저, 심규호·유소영 역, 민음사, 2014
『백년소평』, 중국중앙문헌연구실 저, 김형호 역, 사이더스, 2005
『불멸의 지도자 등소평』, 등용 저, 임계순 역, 김영사, 2001

15

새로운 공동체의 길을
제시하다

노자

老子
중국의 사상가, 도가의 시조

덩샤오핑이 길을 연 중국의 굴기(崛起)는 단순히 경제 성장에 그치지 않는다. 중국은 이른바 '중화'의 문화적 자신감을 빠르게 되찾고 있다. 공식 해외 문화 기관으로 '공자학원'을 미국 90개를 비롯해 지구촌 전체에 480개나 설립했다. 공자학원에서는 근대 철학자 볼테르와 라이프니츠가 공자에 매료되었다고 강조한다.

마오쩌둥 시절에 '비공운동'이 벌어지며 공자의 무덤까지 파헤쳤지만, 공자는 부활했다. 굴기에 성공한 중국은 공자의 인애(仁愛) 사상을 부각하며 다른 국가들의 우려를 다독이고 있다. 당 기관지 〈인민일보〉도 공자의 화이부동(和而不同)이 중국이 바라는 국제 질서임을 선언한다. 시진핑은 2014년 9월 베이징에서 열린 공자 탄생 2,565주년 기념식에 참석해 "인류가 직면한 난제를 해결하는 데 공자 사상이 도움이 될 수 있다"며 "공자의 평화 사상은 국제 관계를 처리하는 중국의 기본 이념"이라고 밝혔다.

인류의 난제를 해결하는 노자의 사상

■ "배우고 때때로 익히면 또한 기쁘지 아니한가"로 시작하는 『논어』는 21세기에 읽어도 울림을 주는 고전임에 틀림없다. 하지만 마오쩌둥이 공자 비판운동을 펼친 이유 또한 전혀 생뚱맞은 것은 아니었다. 이를테면 "임금은 임금답고, 신하는 신하답고, 아비는 아비답고, 자식은 자식다워야 한다"는 정명론은 공자가 의도했든 아니든 전근대적 사회의 불평등한 질서를 공고화하는 이데올로기로 작동해 온 것이 엄연한 사실이다. 그 점에서 "인류가 직면한 난제를 해결하는 데 도움이 될 수" 있는 중국 사상은 공자의 유가보다 노자의 도가일 가능성이 크다.

노자의 원래 이름은 이이(李耳)이고, 그는 도가의 창시자이자 『도덕경』의 저자이다. 기원전 6세기에 주나라의 사관으로 왕실 도서관에서 책을 관리했다. 그 덕분에 자연스럽게 그때까지 전해 온 책들을 모두 읽으며 자신의 사상을 형성해갔을 터이다.

노자와 공자는 같은 시대를 살았다. 젊은 공자가 주나라에 갔을 때 노자를 찾아 '예'를 물었다. 노자는 공자에게 "당신이 추구하는 도는 이미 죽은 옛사람들의 말로 껍질에 지나지 않는다"며 명성을

問禮老聃
孔子與南宮敬叔入周
問禮於老子老子曰老
于魯為周桂下史故知
禮師文所以問

〈공자성적도〉 중 〈문례노담〉

공자가 노자(노담)를 찾아간 모습을 그린 그림으로 성균관대학교 박물관에 소장되어 있다. 공
자는 젊은 시절 노자를 찾아가 예에 관한 가르침을 받았다고 알려져 있다. 이때 공자는 노자를
'용'이라고 칭하며 다시 만나지 않았다고 한다.

높이려 하지 말고 자중하라 충고했다. 공자는 노자를 깊이를 알 수 없는 영물, 용에 비유했다던가. 노자는 주나라가 쇠퇴해가고 춘추시대의 난국이 벌어지는 현실을 떠나 '서쪽'으로 사라졌다. 은둔하기 전에 남긴 말을 엮은 것이 『도덕경』이다.

노자는 사라진 이후 점점 신화의 인물이 되어 갔다. 후한 시대에 황제까지 그를 숭배했다. 심지어 서쪽으로 간 노자가 바로 붓다라는 주장까지 나올 정도였다. 그를 신앙의 대상으로 삼는 흐름이 도교이다. 도교는 그 뒤 여러 갈래로 중국의 민중들 속에 퍼져 갔다. 노자를 숭배한 당나라 시대에 도교는 고구려에도 퍼졌는데 특히 연개소문이 심취해 적극 진흥책을 펴 나갔다.

도교를 국교로 삼은 당나라는 침략 전쟁을 일삼았지만 정작 그들이 '황실의 조상'으로 공표하며 숭상했던 노자는 중화주의 질서나 영토를 넓히는 따위의 대국주의에 전혀 동의하지 않았다. 오히려 노자 사상은 중화주의에 사로잡힌 중국의 긴 역사에서 지배자들을 가장 날카롭게 비판하는 논리적 근거로 내내 작동했다.

오늘날에도 적용할 수 있는 노자의 사상

— 노자 사상의 고갱이는 '도가도비상도道可道非常道'와 '무위자연無爲自然', '소국과민小國寡民' 세 가지로 간추릴 수 있다. 그의 사상이 집약된 『도덕경』은 81장에 5,000여 자로 구성되었으며, 상편 37장을 도경道經, 하편 44장을 덕경德經이라 부른다. 여러 차례에 걸쳐 편집되어 변형

물소를 타고 떠나는 노자

노자의 마지막은 물소를 타고 서쪽으로 떠났다고 전한다. 그가 떠나면서 남긴 말을 엮은 것이
『도덕경』이며 이 책은 도가 사상을 고스란히 담고 있다.

과정을 거쳤으나 고갱이는 변함없다.

먼저 '도가도비상도'를 살펴보자. 『도덕경』의 유명한 첫 구절로 '도'를 압축해서 정의한 이 말은 학자들에 따라 풀이가 조금씩 다르다. 흔히 "도를 도라고 말할 수 있다면 이미 도가 아니다"라고 풀이해 왔지만 최근에는 "도를 도라고 말하면 그것은 늘 그러한 도가 아니다"로 보거나 "도를 도라고 말하면 영원한 도가 아니다" 또는 "도는 법도 삼아 따를 수는 있어도 영원한 도인 것은 아니다"처럼 여러 해석이 나오고 있다. 해석 차이를 감안하더라도, 도는 말이나 글 따위로 개념화할 수 있는 고정불변의 실체가 아니라는 깨달음이 아닐까.

『도덕경』 1장 첫머리를 내 나름으로 풀이해 보았다.

道可道非常道. 名可名非常名.

無名天地之始, 有名萬物之母.

故常無欲以觀其妙, 常有欲以觀其徼.

此兩者同出而異名, 同謂之玄. 玄之又玄, 衆妙之門.

"도를 도라고 말할 수 있지만, 그 도는 있는 그대로의 도가 아니다. 이름을 붙일 수 있지만 그 이름은 있는 그대로의 이름이 아니다. 천지의 처음은 이름이 없었는데, 이름으로 만물이 나타났다. 그러므로 언제나 욕망 없이 그 묘함을 보고, 욕망으로 드러난 현상을 보아야 한다. 둘은 같은 곳에서 나와 이름만 달리힐 뿐이다. 이를 일러 검고 깊어 신비롭다고 한다. 신비롭고 또 신비롭다. 모든 묘함이 거기서 나온다."

『도덕경』은 읽을 때마다 새로운 언어로 풀이하고 싶을 정도로 한 문장 한 문장이 오묘하다. 실제로 한국은 물론 전 세계에서 다양한 번역이 출간됐다. 혼란스러울 수도 있지만, 풍요로울 수도 있다. 여러 번역본과 원문을 대조하며 자기 나름으로 읽어 가는 즐거움도 누릴 수 있다. 어떻게 해석하든 도가도비상도는 노자 당대에 그랬듯이 지금도 우리에게 큰 성찰을 준다. 노자는 같은 시대를 살던 지식인들의 지배논리를 예리하게 간파했다. 자신들은 마치 세상의 이치를 알았다는 듯이 행세하며 지식을 내세워 지배 체제를 정당화하던 유학자들에게 노자의 도가도비상도는 불편할 수밖에 없었다. 오늘날도 마찬가지다. 중국공산당이 민중에게 폭넓게 전승되어 온 도가보다 공자를 더 중시하는 이유도 짐작할 수 있다.

어디 중국뿐이겠는가. '신자유주의'라는 그럴듯한 이름으로 실상은 자본의 자유를 추구하며 다른 주권국가 침략도 서슴지 않는 미국을 비판하는 데도 노자의 도가도비상도는 무기가 될 수 있다. '국민행복시대'와 '경제민주화' 이름을 내걸고 실상은 대기업 중심의 경제정책만 펴나가는 한국 정부도 예외일 수 없다.

또 다른 고갱이는 '무위자연'이다. 흔히 무위자연을 현실에서 도피하거나 초월하는 자세로 여기지만 전혀 아니다. 노자가 말하는 무위는 아무 일도 하지 않는 무위가 결코 아니다. '언제나 무위이지만 하지 않는 일이 없다道常無爲而無不爲'는 무위다. 물론 자연도 그저 자연은 아니다. '사람은 땅을, 땅은 하늘을, 하늘은 도를, 도는 자연을 본받는다人法地 地法天 天法道 道法自然'는 자연이다. 여기서 자연이 'Nature'의 번역어가 아님은 물론이다.

따라서 무위자연은 소극적 자세일 수 없다. 누군가 인위적으로 만들어 놓은 사상이나 기준을 절대적 근거로 삼지 않는 비판의식이다. 다른 사람이 설정해 놓은 틀(프레임)에 휘둘리지 않고 자기 눈으로 세상을 바라보고 변화를 파악함으로써 유연하게 대처하는 적극적 태도이다. 현실을 외면하거나 순응하는 게 아니라 현실이 부자연스럽거나 인위적인 것이 아닌지 살펴보고 더 자연스럽게 만들어가자는 사상이다. 그것은 누군가 만들어놓은 '가치'의 세계와 결별한다. '자연'이라고 하는 저절로 있는 그대로의 세계에서 개개인의 삶과 사회 체제의 정당성을 찾으려는 노력, 세계를 고정된 본질을 중심에 두고 보는 게 아니라 '관계'로 바라보는 자세다. 그러므로 도가 도비상도가 그렇듯이 무위자연 또한 전복적이고 혁명적일 수 있다.

노자는 권력과 민중의 관계를 간명하게 정리했다.

太上下知有之, 其次親而譽之, 其次畏之, 其次侮之.

"으뜸가는 통치자는 민중이 그가 있다는 것만 안다. 그 아래 단계는 그를 친밀히 여기고 찬양한다. 그 아래는 그를 두려워한다. 그 아래는 그를 모욕한다."

노자 또한 민중이 통치자를 '두려워하는 단계^{畏之}'나 '모욕하는 단계^{侮之}'와 견주면, 그를 '받들고 칭찬하는 단계^{親而譽之}'가 좋다고 본다. 유가는 그 단계에서 민중을 가장 잘 지배 또는 '관리'할 수 있다고 판단한다. 하지만 노자는 한 발 더 나아간다. 노자는 민중이 '통치자가 있다는 정도만 의식하는 단계^{太上下知有之}'를 제시한다. 통치자가 있지만 누군가에게 지배당하는 느낌이 도통 없는 단계다. 그것은 21세기 지구촌의 그 어떤 국가도 아직 온새미로 구현하지 못한 '민중의 자기통치'라는 민주주의의 이상과 이어진다.

왕조의 흥망성쇠가 오랫동안 이어진 중국사에서 노자 사상은 '인의^{仁義}'와 같은 학식을 내세워 민중을 지배해 온 사람들, 유학자들과 결이 확연히 달랐다. 그럴듯한 명분을 내세워 자신의 부귀를 추구한 유학자들의 욕망을 단숨에 드러냄으로써 피지배 계급이었던 민중과 함께 호흡해 왔다. 도가는 "아는 이는 말하지 않고, 말하는 이는 알지 못한다^{知者不言 言者不知}"며 지배 세력의 자만을 통렬하게 비판해왔다. 중국 민중이 노자를 숭상해 온 가장 큰 이유다.

마지막으로 '소국과민'은 노자가 제시한 바람직한 사회이다. 『도덕경』 80장에 사뭇 문학적으로 그려져 있다.

小國寡民, 使有什佰之器而不用, 使民重死而不遠徙, 雖有舟輿, 無所乘之, 雖有甲兵, 無所陳之. 使人復結繩而用之, 甘其食, 美其服, 安其居, 樂其俗. 鄰國相望, 鷄犬之聲相聞, 民至老死不相往來.

"나라를 작게 하고 사람들도 적게 하라. 온갖 이기(유용한 상품)들이 있어도 이를 쓰지 않고, 사람들이 죽음을 중하게 여겨 멀리 가 살지 않고, 비록 배와 수레(오늘날이라면 자동차)가 있어도 타지 않고, 갑옷과 군대가 있어도 펼칠 일 없게 하라. 사람들이 다시 매듭을 엮어 쓰도록 하고, 음식을 달게 먹고 옷을 아름답게 입고, 사는 집을 편안케 하고 풍속을 즐겁게 하라. 그러면 이웃나라가 보이고 닭과 개 소리가 들릴 만큼 가깝더라도 사람들이 늙어 죽을 때까지 서로 오가지 않는다."

노자가 강조했듯이 소국과민은 갑옷과 무기도 쓸 필요가 없는 작은 나라에서 사람들이 자신의 삶에 만족하며 살아가는 사회다. 노자가 살던 춘추시대에, 각 나라가 영토 확장으로 대국(도가에서 보기에 유가는 대국주의를 '왕도정치'라는 이름으로 뒷받침하는 이데올로기였다.)을 꿈꾸고 있을 때, 노자의 소국과민은 혁명적 발상이었다.

비단 춘추시대만이 아니다. 21세기 지구촌에서 소국과민의 꿈은 여전히 영감을 주고 있다. 자신이 태어난 나라는 물론, 모든 지구촌을 상품 팔아 돈을 벌 '상품시장'으로 여기는 사람들이 우리 시대를 시배하고 있기 때문이다. ⏌ 상품화의 끝이 과연 무엇이 될지 생각해 보면 더욱 그렇다.

노자의 소국과민은 인도의 간디가 20세기에 꿈꾸던 나라와도 이어져 있다. 물론 당장 소국과민을 우리 시대의 대안으로 삼기는 어렵다. 하지만 나라와 나라 사이에 평등한 연대를 이뤄 나갈 수 있다면 불가능한 일만은 아니다. '자유무역협정FTA'이 마치 인류의 미래인양 언구럭부리며 그것을 전 세계에 실현하려고 군사적 침략도 서슴지 않는 국제질서에서 노자의 사상은 평등과 자주에 기초한 새로운 국제질서를 모색케 한다. 미국과 더불어 21세기 패권을 다툴 국가로 등장한 중국이 새로운 국제질서를 이야기하려면 공자보다 노자의 사상을 더 알려 가야 옳지 않을까.

그런데 소국과민의 삶에 과연 구성원들은 만족할까. 얼마든지 품을 수 있는 그 의문을 마치 해소해 주려는 듯이 노자는 '만물병작萬物竝作'을 제시했다(『도덕경』 16장). 만물이 서로 해치지 않고 더불어 커 가자는 개념, 삶을 통해 개개인이 자아를 실현하자는 호소이다. 다른 생명체를 대량으로 살상할 뿐만 아니라 사람들 사이에도 살벌한 경쟁체제에 매몰된 우리에게 만물병작은 울림을 준다.

그렇다면 도가도비상도, 무위자연, 소국과민을 구현할 방법은 무엇일까. 구체적으로 우리는 어떻게 살아야 할까. 지금과는 다른 새로운 삶의 길을 노자가 제시한 오래된 길에서 찾을 수 있다. '상선약수上善若水'가 그것이다.

上善若水 水善利萬物而不爭,　處衆人之所惡,　故幾於道

"물처럼 살아가라, 그것이 가장 선한 길이다. 물은 만물을 이롭게 해
주면서도 다투지 않는다. 뭇 사람들이 싫어하는 낮은 곳으로 가라. 그
러면 도에 가깝다."

현란한 미디어들이 썩어 문드러진 곳을 되레 은폐하는 21세기
자본주의 문명을 넘어서는 길을 모색하는 주체들에게 노자의 사상
은 새로운 공동체를 상상케 해주는 동시에 때 묻은 자신을 맑히는
샘물이다.

새길을
여는
사유

─ 노자의 사유는 오늘날 어디에 유효할까?

─ 무위자연의 참뜻은 무엇인가?

─ 소국과민은 새로운 공동체의 모델이 될 수 있을까?

••••••• **더 읽어 볼 만한 책**

『도덕경』, 노자 저, 남만성 역, 을유문화사, 1970

『처음부터 새로 읽는 노자 도덕경』, 노자 저, 문성재 역, 책미래, 2014

『생각하는 힘 노자 인문학』, 최진석 저, 위즈덤하우스, 2015

16

깨달음 앞에
모두 평등하다

붓다

buddha, 釋迦
B.C 624~B.C 544
불교의 창시자

서쪽으로 간 노자가 붓다라는 주장을 담은 중국의 옛 문헌은 붓다의 영향이 얼마나 깊고 컸던가를 거꾸로 웅변해 준다. 역사적으로 동아시아의 한국인, 중국인, 일본인들에게 붓다의 가르침은 자자손손 이어져 왔다. 21세기 지구촌에서도 가장 역동적인 지역, 동아시아를 관통하는 문화적 기반을 찾는다면 붓다의 가르침, 불교를 꼽을 수 있다. 역사학자 토인비가 일찍이 20세기 최고의 문명사적 사건을 기독교와 불교의 만남이라고 갈파한 까닭도 새길 필요가 있다. 실제로 미국과 유럽에서 불교에 대한 관심은 가파르게 높아지고 있다. 자본주의 문명의 '첨단'을 살아가는 사람들에게 붓다의 가르침이 매혹적으로 다가오는 까닭은 무엇일까.

부와 명예, 가족을 버리고 고행의 길로

■ 불교를 연 붓다는 기원전 624년, 지금 네팔에 있는 히말라야 기
슭의 작은 부족국가인 석가^{Sakya}족 카필라국 왕자로 태어났다. 성은
고타마^{Gautama}(최상의 소라는 뜻), 이름은 싯다르타^{Siddhārtha}(모든 일이 뜻대
로 이루어진다는 뜻)이고 왕비 마야가 꾼 태몽은 하얀 코끼리였다. 왕
비는 당대의 풍습에 따라 아이를 낳으려고 친정으로 가던 길에 룸비
니에서 싯다르타를 출산했다. 그래서 룸비니는 오늘날 불교의 성지
다. 마야는 싯다르타를 낳고 일주일 만에 숨졌다.

어머니에 대한 그리움 때문일까 싯다르타는 자라면서 사색과 명
상에 잠겨 갔다. 그런 아들의 모습에 왕은 불안했다. 당시 카필라국
은 강한 나라들에 둘러싸여 있어서 활달하고 걸출한 지도자가 필요
했기 때문이다.

농업국가 카필라에서는 왕이 첫 삽을 들며 농사를 시작했다. 싯
다르타가 열두 살 되던 봄, 왕을 따라 현장에 온 왕자는 힘들게 일하
는 농부들을 보며 마음이 어두워졌다. 그리고 쟁기로 파헤쳐진 흙
속에서 꿈틀거리는 벌레를 발견했을 때 새가 벌레를 쪼아 물고 날아
가는 양육강식의 세상에 왕자는 충격을 받았다. 이후 왕궁 밖을 나
가서는 깡마른 노인이 지팡이에 의지해 걸어가는 모습을 보고 늙음
의 고통을 느꼈다. 다음 산책에서는 병든 사람, 그다음에는 시신을
발견했다. 왕은 아들의 마음을 다잡으려고 서둘러 세사로 책봉하고
아름다운 여성을 골라 혼례를 치르게 했다. 세자비는 물론 숱한 궁

태몽을 꾸는 마야

싯다르타의 어머니인 마야 왕비가 꾼 태몽은 하얀 코끼리였다.

녀들이 춤과 노래로 위로했지만 싯다르타는 쾌락 뒤의 공허를 잘 알고 있었다. 훗날 그는 "이루 말할 수 없이 호사스런 나날을 보냈다"며 "궁전을 세 채나 가지고 있었고 아름다운 여자들에게 둘러싸여 살았다"고 회고했다.

그러나 호사와 쾌락으로 생로병사의 문제의식을 해소할 수는 없었다. 젊고 아름다운 사람을 볼 때마다 그가 늙고 병들어 죽어가는 모습이 들어왔다. 세자비가 아들을 낳았을 때, 세자는 "오, 라훌라!"라고 탄식했다. 아들의 이름이 된 '라훌라'는 '장애'라는 뜻이었다. 싯다르타는 라훌라가 구도의 길에 걸림돌이라고 생각했지만, 결국 스물아홉 살에 출가를 단행한다. 세자의 권력과 부, 명예뿐 아니라 가족까지 훌훌 버리고 새 길로 들어선 순간이다.

싯다르타는 당시 수도자들의 관습에 따라 고행을 시작했다. 욕망의 근원인 육체로부터 자유롭고 영원한 자아를 얻기 위해서였다. 흔히 '설산수도雪山修道'로 부르는 6년에 걸친 고행으로 싯다르타는 눈이 해골처럼 들어가고 얼굴과 온몸에 뼈와 살가죽만 남게 되었다. 욕망과 번뇌를 없애 영원한 평화에 이르려고 정진했지만, 그는 자신이 바라는 경지에 이르지 못했다. 그러던 어느 순간, 고행이 육체에 집착하는 수행임을 깨달았다. 몸을 괴롭히기보다 맑게 가짐으로써 마음도 고요할 수 있을 거라고 생각하고 싯다르타는 고행을 중단했다. 이어 상으로 걸어가 맑은 물에 몸을 씻고, 상가에서 소젖을 짜던 소녀에게 다가가 젖을 한 그릇 얻어 마셨다. 함께 수행하던 동료들은 싯다르타가 타락했다며 손가락질하고 떠났다.

싯다르타는 아랑곳하지 않았다. 숲 속에 들어가 홀로 큰 나무 아래 앉아 평온하고 가벼운 마음으로 깊은 명상에 잠겼다. 이레째 되는 날, 새벽별을 보며 확연히 깨달았다. 서른다섯 살의 싯다르타가 붓다가 된 순간이다. 산스크리트어 '붓다Buddha'는 '깨달은 사람'을 뜻하며 이 말이 중국으로 전해지면서 '불타'가 되고, 우리말로 '부처'가 되었다.

붓다는 자신을 타락했다고 비난하며 떠난 다섯 명의 고행 동료를 찾아가 최초로 설법했다. 불교인들은 물론 관광객들이 많이 찾는 인도 바라나시 외곽의 녹야원(사르나트)이었다. 붓다는 "몸이 내키는 대로 자신을 내맡기는 쾌락의 길과, 몸을 지나치게 학대하는 고행의 길" 모두 "극단의 길"이라며 "구도자는 중도를 배워야 옳다"고 강조했다. 이어 자신이 깨달은 내용을 전했다. 최초의 설법으로 불교가 탄생한 순간이다.

첫 설법 때 붓다는 네 가지 거룩한 진리(4성제)를 가르쳤다. 생로병사가 고통임을 알고 그것이 일어나는 이유를 앎으로써 소멸케 하는 길을 찾아 해탈에 이르는 고苦, 집集, 멸滅, 도道가 그것이다. 유의할 대목은 고(괴로움)이다. 붓다가 말한 원어로서 '고'는 신체적 아픔pain이나 심리적 고통sufferring을 넘어 '뜻대로 되지 않는다'는 의미에 가장 가깝다. 실제로 생로병사 모두 뜻대로 되지 않잖은가.

고정불변의 실체가 없는 무아

■ 붓다는 뜻대로 되지 않아 괴로움을 겪는 '나'를 분석했다. 그 깨달음의 고갱이가 바로 무아無我이다. 붓다에게 '나'는 '색수상행식'의 오온五蘊이다. 색body, matter은 우리가 지닌 몸으로 외부와 접촉한다. 수sensation, emotion는 감정이나 감각이다. 상representation, perception은 감정이나 감각으로 받아들인 것을 지각해서 관념으로 표상한다. 행action은 의지작용이다. 식mind은 수상행으로 개개인 내면에 쌓인 기억이다. '나'는 색수상행식으로 삶의 모든 순간마다 새로운 오온이 이루어진다. 따라서 무아는 고정불변의 실체로서 내가 없다는 뜻이지 허무가 아니다. 당시의 언어로 무아는 "세상의 모든 존재도 그 본질을 꿰뚫어 보면 속이 텅 비어 있다"는 뜻이다. '나'를 포함해 모든 것이 존재론적으로 고정불변의 실체가 없다는 깨침이 제법무아다.

붓다 이전의 인도 전통사상은 고정불변의 이상적 실체와 하나 되는 길을 추구하며 신분제도를 정당화했다. 제법무아는 그 실체가 없다는 혁명적 선언이다. 무아와 연기緣起는 그래서 하나가 된다. 연기의 원어는 '말미암아 일어나는 것'을 뜻한다. 연기는 세상에 존재하는 모든 것을 고립된 것이 아니라 더불어 있으며 서로 영향을 주고받는 관계에 있고 그럴 만한 조건이 있어 생긴 것으로 파악한다. 따라서 그 조건, 곧 인연이 없어지면 존재도 사라진다. 요컨대 존재하는 모든 것이 너불어 있고 서로 분리할 수 없는 깊은 관계 속에 있다는 뜻이다. 존재의 실상이 실체가 아닌 관계라는 사실에 눈뜨는 것이 깨달음이다. 모든 것이 더불어 있음을 모를 때 우리는 나와 남을 분리하며 '나'에 집착한다. 하지만 나와 남이 본디 분리될 수 없는 하나로 더불어 있다는 진실에 눈뜰 때 우리의 삶은 자비의 실천이 될 수 있다. 연기는 모든 것이 변화하고 나 또한 고정불변의 실체가 없다는 제행무상과 제법무아의 깨침이다.

나와 남이 둘이 아니라는 깨달음은 2,500여 년이 흘렀지만 여전히 새롭고 혁명적이다. 물론 사람들은 무아를 선뜻 받아들이지 못한다. 그만큼 자아에 집착이 강하다는 방증이다. 그 사람들을 설득하려고 붓다 사후 대승불교에서는 무아를 불성佛性, 또는 여래장如來藏으로 설명했다. 그 결과 무아를 실체론으로 오해하는 결과를 낳기도 했다. 최근 유행하듯이 '참나'를 찾는다며 자아에 어떤 실체적 본질이 있는 듯이 여긴다면, 그것은 붓다의 가르침과 정면으로 어긋난다.

더러 오해하듯이 무아는 허무나 염세가 아니다. 자신을 포함해 모든 것에 고정불변의 실체가 없기 때문에, 깨달은 사람은 언제 어디서든 오히려 주체가 될 수 있다. '수처작주隨處作主'가 곧 그 말이다. 거꾸로 '나'를 고정불변의 실체로 여길 때 '탐진치'에 매몰된다. 탐욕은 대상을 자기 쪽으로 끌어당기는 심리다. 5욕으로 나타나는 물욕, 식욕, 성욕, 명예욕, 수면욕이다. 진, 곧 성냄은 대상을 밀쳐내는 심리다. 분노, 적개심, 혐오, 반감이 모두 포함된다. 어리석음은 존재의 실상인 제법무아를 깨닫지 못한 상태다. 탐진치에 매몰되지 않는 고집멸도의 길을 붓다는 8정도로 세시했다. 정견正見, 정사正思, 정어正語, 정업正業, 정명正命, 정정진正精進, 정념正念, 정정正定이다. 있는 그대로 연기의 세상을 바라보는 정견을 토대로 바른 사유가 생기고 그에 따라 바른 말, 바른 행동, 바른 직업, 바른 노력이 행해진다. 일상에서 정견을 실천해갈 때 마음을 줄곧 바른 상태로 유지하는 정념이 이뤄진다. 그 열매가 바른 선정, 정정이다.

자신을 등불로 삼고 기대라

— 탐진치의 굴레에서 벗어나는 무아의 가르침은 20세기 들어오면서 미국과 유럽인들에게 정서적 불안과 정신 장애를 해결하는 '심리치료'로 다가왔다. 심신이 지친 사람들이 절을 찾아오는 현상에 착안해 '템플스테이 프로그램'도 만들어졌다. 21세기인 지금도 지구촌 사람들의 마음을 다듬어주는 불교적 치유는 좋은 일임에 틀림없다. 붓다의 가르침이 괴로움을 넘어서는 데 있으므로 심리치료를 통해 마음의 평화를 얻는다면 뜻 깊은 일이다.

하지만 불교가 21세기에 할 일은 심리치료에 국한되지 않는다. 불교의 고갱이인 제법무아는 현대인이 직면한 사회경제적 위기를 넘어서는 과정에서도 적실한 가르침을 담고 있다. 한국에서는 대부분 절이 산중에 있지만 불교는 본디 '산중 종교'가 아니라 '시장의 종교'다. 수행의 입문부터 해탈에 이르는 과정을 소를 찾는 일에 비유한 십우도十牛圖를 보자.

심우尋牛, 견적見跡, 견우見牛, 득우得牛, 목우牧牛, 기우귀가騎牛歸家, 망우존
인忘牛存人, 인우구망人牛俱忘, 반본환원返本還源, 입전수수入廛垂手

입전수수는 문자 그대로 시장에 들어가 손을 내밀라는 가르침이
다. 시장에서 궁극적 깨달음을 얻으라는 가르침은 21세기의 우리에
게 큰 울림을 준다. 현대인에게 시장경제 체제에서 어떻게 살아갈
것인가에 깊은 깨침을 주기 때문이다.

붓다는 녹야원으로 가기 전에 '탐진치에 물든 사람들'이 자신의
가르침을 받아들일 수 있을까에 회의를 느꼈다. "세상 사람들은 자
기가 가진 견해에만 매달리고 자기가 바라는 것만 좋아하고 자기가
배우고 익힌 것만 고집"하기 때문이다. 긴 숙고 끝에 붓다는 이윽고
'시장'으로 나서며 선언했다.

"낡은 믿음을 버려라."

제자들을 가르친 뒤에는 그들에게 배운 것을 다른 이들에게 적
극 알리라고 권했다.

"자, 떠나라. 많은 사람들의 이익과 행복을 위하여. 세상을 가엾
이 여기고 인천人天의 이익과 행복과 안락을 위하여, 두 사람이 한 길
을 가지 말라."

제자들을 떠나보내기 전에 붓다는 "남에게 존경받겠다는 생각을
내서는 안 된다"며 교만하지 말고 늘 겸손하라고 충고했다. 붓다 스
스로 교만을 벌리했다. 제자들에게 자신은 결코 신앙의 대상이나 예

붓다의 마지막 가르침

불교는 붓다의 설법으로 세상에 널리 알려졌다. 붓다는 깨달음을 얻은 이후 설법을 계속 이어 나갔으며 45년간 쉼없이 길을 걸었다. 그리고 쿠시나가라의 숲에서 마지막 설법을 하였고 열 반에 들었다.

배의 대상이 아니라고 강조했다.

녹야원에서 첫 '사자후' 이후 여든 살까지 옹근 45년을 붓다는 하루도 쉼 없이 걸으며 민중을 만났다. "많은 사람의 이익과 행복을 위하여" 붓다가 길에서 평생 펼친 가르침은 탐욕을 마냥 부추기는 부익부 빈익빈의 세속을 뿌리부터 흔든다. 개인 치유 차원을 넘어선 사회적 담론으로 붓다의 가르침을 짚어야 할 이유가 여기 있다. 이미 붓다의 사회경제 사상에 대한 연구도 곰비임비 나오고 있다.

깨달음 앞에 모두 평등하다고 가르친 붓다는 모든 사회 구성원이 있는 그대로의 진실에 눈뜨기를 소망했다. 제법무아와 제행무상에 이르는 수행의 주체 또한 자못 자주적이다.

自燈明 法燈明

"자기 자신을 등불로 삼고, 자기 자신에 기대라. 진리에 기대고, 진리를 스승으로 삼아라."

그러고는 "그 밖에 다른 것에 기대지 말라"고 했다.

불교가 중국에 들어오고 선사들이 '살불살조殺佛殺祖'를 강조한 까닭도 같은 맥락이다. "안으로나 밖으로나 만나는 것은 바로 죽여라. 부처를 만나면 부처를 죽이고 조사祖師를 만나면 조사를 죽여라"는 이 말은 당나라 말기 선승 임제의 법문이다.

개인우상화와 독재에 함몰되어 민중 개개인이 주체로 거듭나지 못했던 20세기의 숱한 혁명들을 되새김질하고, 모든 사람이 주체가 되어 탐욕의 세상을 넘어서는 길에 붓다의 통찰은 웅숭깊은 죽비가 될 수 있다.

— 나는 정말 실체가 없을까?

— 탐욕의 세상을 넘어서는 길에 붓다는 어떻게 기여할 수 있을까?

— 한국 불교는 얼마나 붓다의 가르침과 일치하고 있나?

••••••• 더 읽어 볼 만한 책

『초기불교입문』, 각묵 저, 이솔, 2014

『붓다의 메아리』, 강건기 저, 불광, 1993

『붓다 일어서다』, 손석춘 저, 들녘, 2012

『부처님의 생애』, 대한불교조계종교육원 부처님의 생애 편찬위원회 저, 조계종출판사, 2010

17

생태 혁명으로
새로운 사회를

헬렌 니어링

Helen Nearing
1904~1995
미국의 철학자, 작가

붓다가 가르친 탐진치를 벗어난 삶이나 노자가 일러준 무위자연이 현대 사회에서 가능할까. 적잖은 사람이 비현실적이라고 단정할 성싶다. 소비 욕망이 미덕으로 권장되는 현대 자본주의 사회의 현란한 문명을 정면으로 거부하며 평생을 살아가기란 개인에게 쉬운 일이 아니다. 하지만 그 길을 당당하게 걸어간 사람들이 미국의 헬렌 니어링과 스콧 니어링이다. 20세기까지 여성의 사회 활동이 자유롭지 못했기에 인류사에 새 길을 연 사람들 대다수가 남성이었다. 니어링 부부만 하더라도 남편 스콧의 지명도가 높다. 하지만 미국의 진보적 경제학 교수 스콧 니어링에 세계가 주목하게 된 까닭은 그가 헬렌을 만나면서 새로운 길을 걸었기 때문이다.

숲에서 자급자족하며 살다

▬ 헬렌 니어링의 어릴적 이름은 헬렌 크노테이다. 그녀는 1904년 미국의 중산층 가정에서 태어났는데 그녀의 부모는 예술과 자연을 사랑하는 지식인이었고 채식주의자였다. 어린 시절 자연 속에서 채식을 하며 자라난 헬렌은 음악적 재능이 뛰어나 유럽으로 바이올린 유학을 떠났다. 같은 시기 인도를 떠나 유럽에 와 있던 젊은 크리슈나무르티(국내에도 여러 책이 번역된 영성 작가)와 사귀기도 했다.

미국으로 돌아온 헬렌은 스물네 살에 스콧을 만나면서 인생의 전환점을 맞는다. 당시 마흔다섯 살의 스콧은 저술과 강연을 왕성하게 하던 교수였다. 하지만 자본주의를 정면으로 비판하고 반전 운동을 벌여 해직당하면서 주류 사회로부터 따돌림받고 있었다. 게다가 아내와도 헤어진 상태였다. 사회적 활동으로 지친 스콧과 영성을 탐구해 온 헬렌은 서로에게 끌렸다.

자본주의를 비판해 온 중년의 경제학 교수와 상품 사회에 환멸을 느낀 젊은 여성은 1932년 뉴욕을 떠나 오지인 버몬트 주의 숲으로 거처를 옮겼다. 대공황을 맞은 미국과 세계 경제가 회복할 수 없는 파국으로 치닫고 있다고 판단한 연인은 농촌으로 들어가 자본주의 흐름에서 독립된 경제 활동을 구상했다. 숲에서 먹을 것을 재배하고 기르는 자급자족 생활을 시작한 것이다. 헬렌과 스콧은 생활필수품을 최소한 절반은 자급자족한다는 원칙 아래 스스로 땅을 일구어 먹을 것을 마련했다.

돈을 모으지 않는다는 원칙도 세웠다. 1년 살기에 충분한 양식을 모으면 더는 돈 버는 일에 나서지 않았다. 헬렌과 스콧은 채식을 하며 가축도 기르지 않았다. 그 이유를 헬렌은 명토 박았다.

"우리 인간은 특권을 누리는 동물이다. 우리는 소의 저녁 식사감이 되지도 않고, 원숭이처럼 병의 원인을 찾기 위해 병원균을 주사 맞지도 않는다. 또 다람쥐처럼 웃음을 자아내기 위해 쳇바퀴 속에 들어가 계속 달리는 훈련을 받지도 않는다. 우리에 갇혀서, 저녁 식사 때 예쁘게 노래하라고 성대 수술을 받는 일도 없으며, 신기한 인간 표본으로 뽑혀 동물원 우리 속에 갇히지도 않는다. 우리의 젖을 짜내서 송아지에게 먹이지도 않고, 우리 아기들이 도살장으로 끌려가 잘려서 누군가의 저녁식사 재료로 쓰이는 꼴을 당하지도 않는다."

헬렌은 인간을 무람없이 "음식 강도"로 비판했다. 벌로부터 꿀을, 닭에게서 계란을 강탈하고, 젖소의 우유를 뺏기 때문이다. 두 사람은 통밀빵, 생과일처럼 가공하지 않은 음식을 먹었다. 아침 식사 대신 자신들이 키워 말린 허브로 차를 끓여 마시거나, 직접 채취해 만든 들장미 열매 주스를 마셨다.

자연과 더불어 사는 조화로운 삶
━ 헬렌과 스콧은 생태적 자치를 실천하며 자연과 하나 되는 '좋은

삶$_{good\ life}$'을 살아갔다. 하루 노동을 4시간으로 줄이고, 지적 활동 4시간, 친교 활동 4시간으로 일상을 보냈다. 상품 문명이 지배하는 현대 사회에서 벗어나 자연과 더불어 살기, 많이 소유하기보다 검소하고 단순하게 살기를 실행해 갔다. 최소한의 생계를 위해서만 노동하고, 남은 시간을 책 읽기와 명상, 대화와 여행으로 보냈다. 물론 오지에서 자급자족 생활을 하더라도 최소한의 돈은 필요하다. 그래서 북미 대륙 동부 지역에서 채취할 수 있는 단풍나무 꿀을 모아 팔거나 꿀을 농축해서 단풍나무 사탕을 만들기도 했다. 스콧의 강연료도 살림에 보탰다.

두 사람이 버몬트 숲에서 20년이나 살고 있을 때 주변에 스키장이 들어섰다. 그러면서 그 지역이 관광지로 바뀌자 헬렌과 스콧은 메인주로 들어갔다.

1954년 두 사람은 버몬트 숲에서 산 스무 해를 기록한 『조화로운 삶(원제 Living the Good Life)』을 출간했다. 두 사람은 들머리에서 책을 쓴 이유를 소탈하게 밝혔다.

"많은 이들이 월급에 기대어 먹고살며 도시의 아파트나 사람들이 북적대는 곳에서 하루하루를 살아간다. 식구를 먹여 살리는 일뿐 아니라 여러 가지 복잡한 문제들이 사람들을 살기 힘들게 한다. 그래서 자기를 옭아매고 있는 이 답답하기 짝이 없는 데서 벗어나, 한적한 시골로 내려가 소박하고 단순한 생활을 하기를 꿈꾼다. 삶을 자기 것으로 만들고 싶은 것이다. 하지만 식구들과 친구들의 걱정 어린 충고와 알 수 없는 앞날에 대한 막연한 두려움이 발길을 가로막는다. 그러기에 결정을 내리지 못한 채 많은 세월을 보내고, 아직도 망설이고 있다. 정말로 시골 생활에 잘 적응할 수 있을까? 땅을 일궈서 먹고 입고 자는 문제를 해결할 수가 있을까? 힘든 농사일을 몸이 감당할 수 있을까? 새로운 삶을 시작하기에는 너무 나이를 먹은 게 아닐까? 시골에서 살아가는 데 필요한 것들은 누구한테서 배워야 할까? 내가 살 집을 과연 내 손으로 지을 수 있을까? 가축도 길러야 하지 않을까? 농사일에 얼마나 얽매여 살게 될까? 시골 일은 내 허리를 휘게 만드는 또 다른 중노동이 되지 않을까? 도시 생활과 결별하기를 꿈꾸는 이들에게는 몇 백 가지가 넘는 이런 의문들이 머리를 채우기 마련이다."

1954년에 쓴 들머리 글이 21세기의 숱한 도시인들의 마음을 끌어당겼다. 독자들의 반응은 미국을 넘어 다른 나라에서도 뜨거웠다. 헬렌과 스콧의 책을 읽고 귀농을 결심한 사람들이 지금 이 순간에도 지구촌 곳곳에 있다.

"우리는 건강을 지킬 뿐 아니라 더 건강해지고 싶었다. 도시생활은 여러 가지로 우리를 조이고 억눌렀다. 건강한 삶의 토대는 단순했다. 땅에 발붙이고 살고, 먹을거리를 유기농법으로 손수 길러 먹는 것만으로도 충분했다."

버몬트 숲에서 사는 20여 년 동안 두 사람은 전혀 병원을 찾지 않았다. 자연 속에서 단순하고 느리게 살며 채식만 했는데도 둘 다 장수했다. 헬렌과 스콧은 자본주의가 자연스럽게 퍼트려 놓은 생각, 곧 '돈을 벌어야 한다'는 생각과 부자가 되고 싶은 욕망에서 벗어났다.

"우리는 돈을 벌 생각이 없다. 또한 남이 주는 월급을 받거나 무언가를 팔아 이윤을 남기기를 바라지 않는다. 오히려 우리의 바람은 필요한 것들은 될 수 있는 대로 손수 생산하는 것이고, 그럼으로써 먹고 사는 일을 해결하는 것이 일차 목적이다. 한 해를 살기에 충분할 만큼 노동을 하고 양식을 모았다면 그 다음 수확기까지는 돈 버는 일을 하지 않을 것이다."

존재 중심적인 삶을 살라

■ 헬렌은 자신의 신념을 소박하지만 단호하게 표현했다.

"당신은 당신이 생각하는 대로 살아야 한다. 그렇지 않으면 머지않아 당신은 사는 대로 생각할 것이다."

헬렌과 스콧은 한 해 동안 먹고살기 위해 일하는 시간을 여섯 달로 줄이고 나머지 여섯 달은 여가 시간으로 정했다. 여가 시간에는 연구, 여행, 글쓰기, 대화, 강의를 하며 보냈다. 두 사람은 '좋은 삶'을 온 몸으로 실천했다.

그래서일까. 스콧은 90대 중반까지 육체와 정신이 두루 건강했다. 90대 후반에 들어선 스콧은 요양소 침대에서 두려움에 떨며 서서히 죽어가는 것을 결코 바라지 않았다. 헬렌은 스콧이 "자신의 자유의지에 따라 가기를 원했고, 의식을 갖고 또 의도한 대로, 죽음을 선택하고 그 과정에 협조하면서 죽음과 조화를 이루고자 했다"며 "그동안 어떻게 사는지 배워왔는데 이제 어떻게 죽는지 배우고자 했다"고 증언했다.

스콧은 100살 생일을 맞기 한 주 전부터 채소와 과일 주스만 먹었다. 생일이 지나자 스스로 곡기를 끊고 물만 마시며 자발적으로 죽음에 다가갔다. 1983년 8월 헬렌은 스콧의 생명이 꺼져가는 순간을 지켜보며 아메리카 인디언들의 노래 '봄바람처럼 부드러워라'를 불러주었다.

나무처럼 높이 걸어라.
산처럼 강하게 살아라.
봄바람처럼 부드러워라.
그대 심장에 여름날의 온기를 간직하라.
그러면 위대한 혼이 언제나 너와 함께 하리라.

스콧을 보낸 뒤 헬렌은 가치 있는 삶, 가치 있는 죽음이란 무엇인가에 대해 책을 쓰고 강연을 하며 스콧이 좋아했던 우화를 즐겨 소개했다.

"나는 바닷가에 서 있다. 내 쪽에 있는 배가 산들바람에 흰 돛을 펼치고 푸른 바다로 나아간다. 그 배는 아름다움과 힘의 상징이다. 나는 서서 바다와 하늘이 서로 맞닿는 곳에서 배가 마침내 한 조각 구름이 될 때까지 바라본다. 저기다. 배가 가 버렸다. 그러나 내 쪽의 누군가가 말한다. '어디로 갔지?' 우리가 보기에는 그것이 전부이다. 배는 우리 쪽을 떠나갔을 때의 돛대, 선체, 크기 그대로이다. 목적지까지 온전하게 짐을 싣고 항해할 수 있었다. 배의 크기가 작아진 것은 우리 때문이지, 배가 그런 것이 아니다. '저기 봐! 배가 사라졌다!'고 당신이 외치는 바로 그 순간, '저기 봐! 배가 나타났다!' 하며 다른 쪽에서는 기쁜 탄성을 올리는 것이다. 그리고 그것이 우리가 죽음이라고 부르는 것이다."

헬렌은 자신 또한 삶에 큰 고마움을 느끼며, 인생을 아름답게 마무리할 수 있기에 죽음에도 고마움을 느낀다고 말했다. '훌륭한 죽음의 길'을 제시하며 차분하게 그 죽음을 준비하던 헬렌은 91세에 전혀 예기치 못한 순간과 직면한다. 1995년 교통사고로 갑작스레 삶을 마감하게 된 것이다. 헬렌과 스콧이 살던 집은 순례 여행지가 되었다.

헬렌은 스콧과 더불어 텔레비전도 전화기도 세탁기도 없이 소유와 소비 지향적인 삶을 버리고 존재 중심적인 삶을 살았다. 스콧은 특히 텔레비전을 "이류의 사람들이 공급하는 맛없는 음식"으로 불렀다. 헬렌과 스콧은 "삶에서 정말 중요한 것은 당신이 갖고 있는 소유물이 아니라 당신 자신이 누구인가 하는 것"이라며 "단지 생활하고 소유하는 것은 장애물이 될 수도 있고 짐일 수도 있다. 우리가 가지고 있는 것이 아니라 그것으로 우리가 어떤 일을 하느냐가 인생의 진정한 가치를 결정짓는 것"이라고 강조했다. 헬렌은 "소음의 폭격에서 벗어난 삶을 살라"고 권고한다.

헬렌과 스콧의 사랑이 지구촌 사람들에게 퍼져갈 즈음 프랑스에서는 진보적 사상가 앙드레 고르가 아내 도린과 가슴 먹먹한 사랑을 나누고 있었다. 자본주의 비판과 생태주의 사상으로 프랑스 68혁명에도 큰 영향을 끼친 사상가 고르는 아내가 불치병에 걸리자 공적인 활동을 모두 접고 농촌으로 내려가 오두막에서 아내를 20여 년이나 간호했다. 그러고는 2007년 집에서 아내와 함께 목숨을 끊었다.

고르는 "인간이 공동체와 그들의 환경, 자연과 더불어 새로운 관계를 정립하는 경제·사회·문화 혁명"을 제시했다. "더 적게 일하고 더 많이 자유로워지는 사회"가 그것이다. 노동 시간을 대폭 단축해 자유 시간을 늘리면서 경제 활동에 얽매이지 않는 자율 활동 영역을 확대하자는 제안이다. 고르는 지구를 함부로 파헤치는 행위, 생명의 자연적 기반을 파괴하는 행위를 막으려면 자연은 물론 자기 자신의 노동까지 상품화하는 사회부터 바꿔야 한다고 호소했다.

서로 직접적 소통은 없었지만 헬렌과 고르는 각가 뉴욕과 파리를 떠나 '자연'으로 새 길을 열면서 경제 성장과 돈벌이를 최고의 가치로 삼는 사회와 맞서 "다른 경제, 다른 생활방식, 다른 문명, 다른

헬렌 니어링의
『아름다운 삶, 사랑 그리고 마무리』

헬렌 니어링이 스콧 니어링과 함께했던 53
년간의 기록을 담은 책이다.

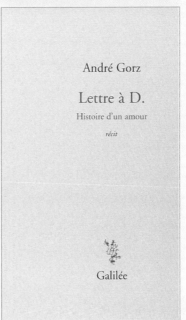

앙드레 고르의
『D에게 보낸 편지』

앙드레 고르가 불치병으로 죽음을 앞둔 아
내 도린에게 쓴 편지를 책으로 낸 것이다. 아
내와 함께 삶을 마감하기 1년 전에 출간된
이 책은 고르의 마지막 저서이자 최고의 사
랑 이야기라는 평을 받는다.

사회적 관계"를 꿈꾸고 그것을 실행에 옮겼다. 그리고 그 자연에서 인스턴트 사랑이 난무하는 지구촌 사람들에게 사랑이 무엇인가를 온 삶으로 보여주었다. 헬렌과 스콧이 연 길은 고르와 도린의 길과 더불어 생태혁명으로 새로운 사회를 일구어 나가려는 21세기 사람들에게 싱그러운 영감을 주고 있다. 붓다와 노자가 그렇듯이.

─ 헬렌 니어링의 선택은 오늘날에도 가능한가?

─ 좋은 삶을 누가 가로막고 있는가?

─ 생태혁명의 비전은 얼마나 타당한가?

•••••••• **더 읽어 볼 만한 책**

『아름다운 삶, 사랑 그리고 마무리』, 헬렌 니어링 저, 이석태 역, 보리, 1997

『헬렌 니어링의 소박한 밥상』, 헬렌 니어링 저, 공경희 역, 디자인하우스, 2001

『조화로운 삶』, 헬렌 니어링·스콧 니어링 저, 류시화 역, 보리, 2000

『D에게 보낸 편지』, 앙드레 고르 저, 임희근 역, 학고재, 2007

『에콜로지카』, 앙드레 고르 저, 임희근·정혜용 역, 갈리파고스, 2015

18

실질적 민주주의를 강조한
혁명운동의 얼굴

박헌영

朴憲永
1900~1955
공산주의 운동가

스콧과 헬렌 니어링이 미국의 고요한 숲에서 『조화로
운 삶』을 집필하던 바로 그 시기에 미국에 맞서 국가 구성원 대다수
가 목숨을 건 전쟁을 벌인 나라가 있다. 미국은 그들의 표현으로는
'극동'의 아주 작은 나라, 조선민주주의인민공화국과의 전쟁에서 역
사상 최초로 이기지 못했다.

조선민주주의인민공화국은 스스로 '김일성 수령의 나라'라 공언
한다. 김일성은 1994년 여든 살이 넘어 숨졌지만 여전히 영생하는
지도자로 추앙받고 있다. 그뿐이 아니다. 권력은 아들 김정일에 이
어 다시 어린 손자에게로 이어졌다. 김정은이 2012년 2월 평양 중심
에 김일성, 김정일의 기마 동상을 세우면서 두 사람의 동상은 북한

곳곳에 세워졌다.

대한민국에서도 김일성을 모르는 사람은 없을 것이다. 반면에 북은 물론, 남에서도 박헌영에 대해 아는 사람은 많지 않다. 박헌영은 20세기 전반에 걸쳐 국내 혁명운동의 '얼굴'이었다. 1945년 8월 15일 일본 왕이 연합군에 무조건 항복했을 때, 박헌영은 광주에서 벽돌공장 노동자로 위장한 채 해방운동을 벌여 가고 있었다. 곧바로 서울에 올라온 박헌영은 줄기차게 일제에 맞서 투쟁해 온 조직들을 모아 공개적으로 조선공산당을 재건했다. 9월이 거의 끝날 무렵에야 소련군이 주둔한 평양으로 들어온 김일성은 서울의 박헌영과 처음부터 거리를 두었다. 그해 평양에서 두 사람이 처음 만났을 때 당 중앙의 지도자는 박헌영이었고, 김일성은 38선 북쪽에 당의 분국을 만들고 싶다고 요청하는 위치였다. 1946년에 들어서서도 김일성은 조선공산당의 '북조선 분국' 책임자일 뿐이었다.

하지만 소련의 영향력으로 두 사람의 위상은 뒤바뀐다. 3년 뒤인 1948년 9월 9일 평양에 조선민주주의인민공화국이 선포될 때 수상은 김일성, 박헌영은 부수상이었다. 그 뒤 김일성은 죽을 때까지 장수하며 '수령'으로 평생을 보냈지만, 박헌영은 1956년 김일성에 의해 '미제의 간첩'으로 몰려 처형당했다.

국제레닌학교에서 수학하다

━ 박헌영은 1900년 5월 충청남도 예산에서 태어났다. 어머니는 총

명했던 그를 서울로 보내 경성고보(현 경기고)에 입학시켰다. 졸업을 앞둔 박헌영은 1919년 3·1 독립운동에 참여했다. 유관순과 같은 세대로 독립만세에 나섰던 박헌영은 검거망을 피해 일본 도쿄를 거쳐 중국 상하이로 건너갔다.

당시 제국주의에 억압받던 식민지 민족들의 해방을 지원해 준 나라는 오직 하나, 러시아혁명으로 출범한 소련이다. 박헌영은 "그들의 이념이 독립과 정의, 민주주의와 진보를 호소하고 있다는 것을 이해하기 시작"했다고 상하이 시절을 회고했다. 대한민국 임시정부가 선포된 상하이에는 독립운동에 뜻을 둔 청년들이 곰비임비 모여들었다. 박헌영은 사회주의 청년운동에 나섰고 비합법 신문을 편집했다. 두각을 나타낸 그는 1921년 고려공산청년회(고려공청)가 결성될 때 책임비서를 맡았다.

고려공청은 단순한 청년단체가 아니었다. 그 시기 국제공산청년연맹(국제공청)은 코민테른(제3인터내셔널)과 더불어 세계혁명과 식민지 해방운동을 주도하고 있었다. 러시아혁명을 이끈 레닌과 코민테른 집행부는 세계 노동운동사에서 처음으로 민족해방 운동을 조직적으로 지원했다. 3·1운동으로 뜻을 이루지 못한 조선의 청년들이 러시아혁명과 사회주의 사상에 끌린 결정적 이유가 여기에 있다. 코민테른과 국제공청은 세계 여러 나라에서 전개된 해방운동과 혁명을 적극 지원했다.

고려공청은 제국주의와 싸워 나가는 국제공청으로부터 공인받았다. 박헌영은 고려공청 중앙을 서울로 옮겨 국내에서 본격적인 혁명운동을 전개할 뜻을 세웠다. 하지만 조선으로 입국하다가 일제에 체포됐다. 박헌영은 고려공청 조직과 혁명운동을 철저히 숨김으로써 비교적 적은 형량을 받았고, 1924년 1월 평양형무소에서 만기 출소했다. 곧장 서울로 온 박헌영은 〈동아일보〉 기자로 활동하며 비밀리에 조직운동을 벌여갔다. 기자는 '직업적 혁명가' 박헌영이 가졌던 유일한 '직업'이었다. 〈동아일보〉에서 기자들과 동맹 파업을 벌여 해직된 뒤 〈조선일보〉로 옮겨갔지만 그곳에서도 곧 해직됐다.

그 와중에 비밀조직 활동은 결실을 맺었다. 1925년 4월 17일 서울에서 조선공산당을 창립하고 다음 날 고려공산청년회도 결성했다. 두 조직에 모두 참여한 박헌영은 고려공산청년회 책임비서를 맡아 일했다. 하지만 한 회원의 '술자리 실수'로 그해 11월 체포됐다. 박헌영은 일제의 가혹한 고문에도 흔들림 없이 청년회의 지방조직들을 전혀 노출시키지 않았다. 당시 신문들은 공판 과정에서 박헌영이 "조선의 민족 해방과 정의 실현"을 당당하게 주장했다고 큼직하게 보도했다. 고문으로 죽거나 전향해야 풀려나는 상황에서 박헌영은 미친 흉내를 내어 1927년 병보석으로 나왔다.

출옥한 뒤에도 박헌영은 동지이자 아내인 주세죽의 도움을 받으며 계속 미친 행세를 했고, 일제의 감시가 느슨해진 틈을 타 소련으로 탈출했다. 박헌영과 주세죽의 탈출은 신문에 크게 보도됐다. 20세기 한국인의 애창곡 '눈물 젖은 두만강'의 노랫말은 강을 건너는

1929년 모스크바 국제레닌학교에 다닐 때의 박헌영

첫 번째 줄 왼쪽에서 두 번째부터 김단야, 박헌영, 양명이 나란히 앉아 있다.

두 번째 줄 오른쪽에서 세 번째가 박헌영의 아내가 된 주세죽이다.

박헌영을 두고 가수 김정구의 친형 김용환이 지었다.

두만강 푸른 물에 노젓는 뱃사공
흘러간 그 옛날에 내 님을 싣고
떠나간 그 배는 어디로 갔소
그리운 내 님이여, 그리운 내 님이여
언제나 오려나.

모스크바에 도착한 박헌영은 세계 각국의 혁명가들을 배출한 '국제레닌학교'에 국제공청 추천을 받아 입학했다. 그곳에서 사회주의 혁명사상과 실천 방법을 체계적으로 배웠다. 당시 박헌영은 훗날 베트남공산당을 이끄는 호치민에게 조선 실학사상을 집대성한 정약용의 저서 『목민심서』를 선물했다. 민중을 어떤 마음으로 만나야 하는가를 서술한 이 책은 호치민에게 지침이 되었다고 한다.

국제레닌학교의 권위는 혁명가들 사이에서 강력했다. 박헌영은 "확고하게 단련되어 있으며, 언제나 훌륭한 동지"라는 평가를 받았다. 재학 중에 박헌영은 코민테른 동양비서부 조선위원회의 세 위원 가운데 한 사람이 되었다. 코민테른 조선위원회는 독립운동을 벌이는 사람들에게 조선공산주의 운동을 지도하는 최상급 기관으로 권위를 인정받고 있었다.

국제레닌학교를 졸업한 박헌영은 공산당 재건과 조선혁명에 뜻을 품고 다시 중국 상하이로 잠입했다. 1932년 1월 상하이에 도착해서 1933년 7월 일본영사관 경찰에 체포될 때까지 1년 6개월 동안 〈정치신문〉을 만들어 국내로 보내면서 조직을 만들어 나갔다. 일제는 박헌영을 서울로 압송한 뒤 혹독하게 고문했다. 하지만 박헌영은 자신의 지위는 물론 조직 활동을 은폐하는 데 성공했다. 그 투쟁 결과로 병보석 중에 국외로 탈출한 죄만을 적용받아 징역 6년형을 선고받았다.

박헌영은 살인적인 감옥생활을 이겨 내고 1939년 만기 출옥했다. 나오자마자 다시 잠적해 지하조직 '경성콤그룹'의 지도자로 활동했다. 경성콤그룹은 일제의 수탈이 극심했던 1939년 4월에 결성된 독립운동 조직으로 노동자와 농민, 학생을 주요 기반으로 했다. 이재유와 김삼룡, 이관술을 중심으로 지도부를 구성하고 출옥한 박헌영을 지도자로 추대했다. 경성콤그룹은 이현상을 비롯해 조선 안의 지방조직들과도 연계를 맺었으며, 파벌 다툼을 벌이던 세칭 '화요파'와 '상해파'를 모두 아우름으로써 종래의 분파적 성격도 해소했다.

지하에서 박헌영이 이끈 경성콤그룹은 반일 민족통일전선 전술과 결정적 시기의 무장봉기 전술을 채택하고 있었다. 1940년 11월 말부터 1941년 겨울까지 3차례에 걸친 대규모 검거사건이 일어났지만, 박헌영은 체포망을 피해 조직을 지켜갔다. 당을 재건하여 '결정적 시기에 도시폭동전술로 일제 통치를 전복한다'는 목표를 세우고 계급, 계층, 정파, 성별, 종교를 넘어 일제에 반대하는 모든 사람들을 아울렀다. 이는 변절자들이 이어지던 일제 말기 국내 독립운동의 보루라고 할 수 있다.

1945년 8월 15일 벽돌공장 노동자로 은신하며 지하운동을 벌여나가던 박헌영이 그해 9월 서울에서 조선공산당이 재건될 때 책임비서가 된 것은 자연스러운 귀결이었다. 그 이상으로 일제와 줄기차게 투쟁한 사람을 찾기 어렵다.

김일성은 그보다 12년 아래였고, 박헌영이 1925년 조선공산당과 고려공청을 창립할 때는 고작 중학생이었다. 중국 만주에서 항일투쟁에 나섰던 김일성은 처음부터 조선공산당 재건운동과는 조직적 연관이 없었고 1932년에야 중국공산당에 가입했다. 무장투쟁을 벌인 김일성의 최대 전과는 '보천보 전투'다. 국경을 넘어와 일본 헌병주재소를 파괴하고 다시 돌아간 김일성의 무장투쟁을 국내 신문들은 크게 보도했다. 하지만 일제가 만주까지 완전히 장악한 뒤에는 중·소 국경을 넘어 소련으로 피신할 수밖에 없었다. 광복을 맞이한 1945년 8월 15일 그는 소련군 대위로 소련령에 머물고 있었으며 예견된 일제의 패망 이후 국내 정치활동을 준비하고 있었다.

진보적 민주주의 깃발 밑으로

━ 박헌영은 조선공산당의 지도자로 손색이 없는 길을 걸어왔다. 또한 대한민국이 수립되기 전인 해방공간에서 미군정이 조사한 여론조사에서 '지금 총선을 하면 대통령에 당선될 가능성이 가장 높은

정치인'으로 꼽힐 정도였다.

미군정의 체포령으로 월북한 박헌영의 운명은 뒤바뀌고 만다. 김일성은 그가 벌인 조국해방전쟁에 실패한 책임을 누군가에 물어야 했다. 그의 최대 정적 박헌영이 표적이었다. 박헌영은 1956년 7월 19일 일본 제국주의도, 미국도, 이승만도 아닌 동지 김일성의 손에 총살당했다. 박헌영을 따라 월북한 주요 혁명가들도 미제의 간첩으로 처형당했다.

박헌영이 꿈꾼 세상은 1945년 11월 30일 조선공산당 책임비서로 서울중앙방송(지금의 KBS)에서 한 연설에 잘 나타나 있다. 방송연설문 전문은 다음 날 신문들에 '진보적 민주주의 깃발 밑으로'라는 제목으로 실렸다.

박헌영은 연설에서 "우리당은 노동자 농민 도시소시민과 지식인 및 일반 근로자대중의 이익을 대표한 정당"이라며 "일본제국주의 통치의 백색 테러 밑에서 우리는 민족의 독립과 토지문제의 해결을 위하여 근로대중의 생활개선과 언론집회의 자유를 위한 반제국주의와 반봉건적 민족해방투쟁을 부절히 전개하였는데 그것은 조선에 있어서 민주주의적 자유와 발전을 위한 투쟁"이라고 소개했다. 이어 박헌영은 "독립이란 두 글자만 형식적으로 확보함에 만족할 것이 아니고 독립의 달성으로써 조선의 완전한 자유와 진보를 얻어 우리 민족이 잘 살고 보다 행복을 누릴 수 있는 민주주의 사회를 건설"해야 옳다며 "조선민족의 완전독립, 토지개혁, 언론과 집회 결

박헌영(왼쪽)과 여운형

1946년 2월 박헌영과 여운형이 대화를 나
누고 있는 모습이다. 두 사람은 혁명 동지
였지만 좌우합작 문제와 3당합당 문제로
인해 갈라서게 되었다.

김일성과 박헌영

1948년 4월 평양에서 열린 남북 연석회의
에 참석했던 김일성과 박헌영이 회의장
바깥에 나와 이야기를 나누고 있다. 광복
직후 조선공산당의 지도자는 박헌영이었
으나 미군정의 체포령을 피해 월북한 뒤
부터 두 사람의 서열은 뒤바뀌었다.

사와 신앙의 자유, 남녀동등의 선거, 피선거권의 확보, 8시간 노동제 실시 국민개로에 의한 민족생활의 안정, 특히 근로대중생활의 급진적 향상 등등의 기본적 문제를 해결한 구체적 내용을 가진 실질적 민주주의"를 제시했다. 여기서 '국민개로國民皆勞'는 모든 국민이 일한다는 뜻으로 현행 대한민국 헌법 개념으로 표현하면 '일할 권리'다.

눈여겨볼 대목은 "해골만 남은 형식의 민주주의에 만족해서는 안 된다"는 호소다. 그는 실질적 민주주의를 줄기차게 강조했다. 그는 지금 조선혁명은 "부르주아 민주주의혁명의 첫걸음"에 있다면서, 사회주의 혁명을 당장 구현하자는 세력과 거리를 두었다.

21세기 남의 체제와 북의 체제가 통일을 위해 서로 한 단계 더 성숙해 가야 한다면, 박헌영이 제시한 진보적 민주주의 국가의 개념을 새겨볼 필요가 있다. 남과 북이 통일되었을 때 진보적 민주주의 국가는 공통된 목표가 될 수 있기 때문이다. 물론 다음 단계가 어디로 갈 것인가는 후대의 몫이다. 그 단계가 박헌영이 살았던 시기의 '소련 모델'이라고 생각하는 사람은 이제 더는 없을 터다. 소련이 도덕적 권위를 지녔던 시대와 그 나라가 세계 지도에서 가뭇없이 사라진 지금은 확연히 다르다.

만약 김일성이 아니라 박헌영이 북쪽의 최고 지도자가 되었다면 역사는 어떻게 전개되었을 것이며 소련이 붕괴된 지금 박헌영이 정치를 한다민 어떤 길을 걸을까 하는 물음들은 사유의 지평을 넓혀 주고 새 길을 열어가는 실천의 상상력을 풍부하게 해 준다.

— 김일성은 왜 박헌영을 미제의 간첩으로 몰았을까?

— 박헌영이 최고 지도자가 되었다면 조선민주주의인민공
   화국은 오늘날 어떤 모습일까?

— 박헌영의 진보적 민주주의는 오늘날 어떤 의미가 있을까?

••••••• **더 읽어 볼 만한 책**

『이정 박헌영 전집』, 이정박헌영전집편집위원회 저, 역사비평사, 2004
『박헌영 트라우마』, 손석춘 저, 철수와영희, 2013
『박헌영 평전』, 안재성 저, 실천문학사, 2009
『이정 박헌영 일대기』, 임경석 저, 역사비평사, 2004

19

모두가 당당한 주체로 서는
사회를 꿈꾸다

조소앙

趙素昻
1887~1958
독립운동가, 정치가

이정 박헌영이 지하에서 혁명운동을 지며리 이어가고 있을 때, 이른바 '민족진영'과 '우익'을 자처한 사람들은 친일반민족의 길로 줄달음쳤다. '민족진영'이라는 이름에 값하는 사람들은 극소수였다. 흔히 백범 김구를 그 상징으로 꼽는다. 그런데 김구와 더불어 조선 독립의 사상을 세계사의 지평에서 정립한 이데올로그가 있다. 바로 조소앙이다.

3·1운동을 앞둔 1919년 2월 '대한 독립선언서'를 공표한 조소앙은 일본에 맞서 독립군의 총궐기와 혈전독립을 주장했다. 그해 4월에는 대한민국 임시헌장을 기초해 임시정부 헌법의 틀을 마련했다. 그 헌장에서 '대한민국'이 처음 사용됐다.

조소앙에게는 3·1운동이 아니라 3·1혈전이다. 조소앙은 대한민국 임시정부 수립을 "우리 민족의 자력으로써 이족 전제를 전복하며 5,000년 군주정치의 구각을 파괴하고 새로운 민주제도를 건립하여 사회의 계급을 소멸하는 제일보의 착수"라고 자리매김했다. 1941년 임시정부가 발표한 '대한민국 건국강령'도 조소앙이 작성했다. 다가올 독립을 앞두고 건국원칙을 제시한 문건이다.

삼균주의를 정립하다

— 조소앙은 대한민국 임시정부의 최고 이론가요, 삼균주의 창안자, 임시정부 외무부장, 의정원 의장으로 활동했다. 그의 본명은 용은이다. 소앙 조용은은 1887년 경기도 파주에서 태어나 성균관에서 공부하고 대한제국의 황실 유학생으로 일본에 유학하여 메이지대학 법학과를 졸업했다. 성균관에서 수학할 때 이미 신채호와 반일 활동을 벌인 그는 일본 유학 중에도 을사늑약에 반대하는 운동을 벌였다. 귀국 직후 교사로 잠깐 일하다가 1913년 중국으로 망명해 독립운동에 투신한 조소앙은 대한민국 임시정부 수립에 참여했고 일본 제국주의가 패망할 때까지 외무부장을 비롯해 요직을 맡았다. 해방정국에서도 남쪽만의 단독정부 수립에 반대하며 김구, 김규식과 1948년 평양에서 열린 남북협상에 참가했다. 하지만 돌아온 뒤에는 김구의 한국독립당과 결별하고 사회당을 창당해 대표가 되었다. 1950년에 실시된 제2대 국회의원 선거에 출마해 서울 성북에서 미군정의 경무부장

광복 후 귀국한 임시정부 요인들

1945년 12월 3일 임시정부 요인들이 경교장에서 찍은 사진이다. 광복이 되자 김구와 김규식은 1진으로 입국하였고, 조소앙은 2진으로 12월 2일 입국하였다. 앞줄 오른쪽에서 두 번째가 조소앙이고 그 옆이 김규식, 김구, 이시영, 이완구 순이다.

을 지낸 '정치거물' 조병옥과 겨루어 압도적 표차로 당선됐다.

조소앙은 일제와 싸우면서 독립운동 사상으로 '삼균주의'를 정립했다. 대한민국 임시정부의 건국강령도 "삼균주의로써 정치·경제·교육의 균등과 독립·자주·균치를 동시에 실시"한다고 명시했다. 조소앙은 삼균주의를 "개인과 개인, 민족과 민족, 국가와 국가가 균등한 생활을 하게 하는 주의"로 정의하면서 각각을 구체적으로 풀이했다. 먼저 개인과 개인이 균등하게 하는 길은 "정치의 균등화요, 경제의 균등화요, 교육의 균등화다. 보통선거를 실시하여 정권 참여를 고르게 하고, 국유제를 실시하여 경제 조건을 고르게 하며, 국비에 의한 의무교육제를 실시하는 것"이라고 규정했다. 민족과 민족이 균등하게 하는 길은 "민족자결을 자기 민족과 또 다른 민족에게도 적용시킴으로써, 소수민족과 약소민족이 압박 받고 통치 받는 지위로 떨어지지 않게 하는 것"이다. 마지막으로 국가와 국가가 균등하게 하는 길은 "식민정책과 자본주의를 무너뜨리고 전쟁 행위를 금지시킴으로써, 모든 국가가 서로 침략하지 않고 국제생활에서 전혀 평등한 지위를 가지고, 나아가서 사해일가四海一家"를 이루는 것으로 삼균주의의 궁극적 목적이 여기에 있다고 밝혔다.

사해일가, 곧 모든 세상 사람이 다 가족처럼 지내야 한다는 조소앙의 주장은 공허한 구호처럼 다가올 수 있다. 하지만 조소앙은 과정을 결코 무시하지 않았다. 조소앙은 유럽의 자본주의 발달 과정에서 성립된 부르주아 민족주의에는 긍정성도 있으나 결국 제국주의

가 되었다고 비판하고, 식민지 피압박민족으로서 한국의 민족주의
는 다르다고 강조했다. 언어, 문자, 국토, 주권, 경제, 문화 공동체로
서 한국 민족의 구성 요소는 이미 고대 단군조선 때 이루어졌고, 고
려의 통일과 조선 세종 시대의 문화적 발전, 3·1혈전을 통해 계속
발전해왔다. 제국주의에 맞서는 저항담론이나 부국강병론에 머물고
있던 민족주의론에 조소앙은 새 길을 열었다. 대내적으로는 민족 사
회의 정치, 경제, 교육의 균등화와 그것을 통해 달성되는 민족적 자
각에 중점을 두고, 대외적으로는 민족자결주의를 강조했다.

균등을 실현하는 투쟁의 역사

■ 그렇다면 정치·경제·교육 균등의 구체적 방안은 무엇일까. 조
소앙은 "계급과 성별, 교파 등의 차별이 없는 보통선거제를 실시"하
여 어떤 계급의 독재가 아니라 진정한 '전민적全民的 정치균등'을 주
장했다. 영미 자본주의 국가는 자본을 중심으로 자본가들이 전권하
는 폐단이, 독일과 이탈리아는 히틀러, 무솔리니의 나치스 파쇼 독
재가, 사회주의 소련에서는 노농전정專政의 문제점이 있다고 비판하
며 어느 특정계급의 독재가 아닌 진정한 전민적 정치균등을 역설했
다. 민족구성원 각계각층이 동등한 정치적 권리를 가지는 정치체제
를 이른다.

　더러는 조소앙의 삼균주의를 관념적이라고 일축하지만 선입견
에 지나지 않는다. 조소앙은 경제균등론에서 "토지와 대생산기관

을 국유로 하여 국민의 생활권을 균등화"하자고 역설했다. "무제한 적 사유욕의 발동으로 현대의 발달된 과학력을 이용하여 각종 대 생산기구와 토지의 대부분을 장악, 경영하며, 전체인민의 절대다수 를 점하는 노동자와 농민의 노동력을 착취하고, 재력을 이용하여 정 치·군사를 농락하고 상품시장과 공업원료를 쟁탈하기 위하여 식민 지 쟁탈전과 세계대전까지 빚어내는 악극을 연출"하는 자본주의와 는 명토 박으며 선을 그었다. 조소앙에게 경제균등의 목적은 "국민 각계의 평등 생활을 확보하여 인민의 물적 생활을 제고하여 향수케 하며 국가의 경제적 토대를 합리화하고 공고화하는 데" 있었다. 그 것을 위해 생산의 지도 및 계획, 조정과 분배의 민족적 합리성을 구 하는 경제의 균등을 실현해야 한다. 유의할 대목은 "민족적 합리성" 이다. 조소앙은 "민족의 경제문제만을 중심으로 하여 국가의 말살 과 주권의 포기와 자기 민족 사회의 발전 과정을 무시하는 공산주의 자"를 비판하며, 토지와 대생산기관 국유화의 뿌리를 우리 민족의 역사에서 찾았다.

교육균등론에서 삼균주의의 독창성은 더 두드러진다. 조소앙은 국가의 전반적 문화 수준이 높고 낮음은 오로지 그 국민의 교육 정 도에 관계되므로, 국가 정책 중에서 교육 정책이 가장 중요하다고 생각했다. 그럼에도 한국인들은 역사적으로 균등하게 교육받을 기 회를 얻지 못해 왔다. 조소앙은 중세사회의 양반중심 교육제도, 식 민지 시대 우민정책으로 국민일반의 수학권이 세한되어 왔다며 민족국가 수립 과정에서는 전체 국민의 교육 수준을 획기적으로 높이기 위해 의무교육제를 실시해야 한다고 주장했다.

공산주의가 역사를 계급투쟁으로 보듯이, 삼균주의에 역사는 균등을 실현하는 투쟁의 역사다. 그는 "모든 종래 사회의 역사는 유식과 무식, 유력有力과 무력無力, 유산과 무산의 투쟁의 역사"라고 단언했다. 과거의 역사 속에서 유식자는 무식자를 무시하고, 유력자는 무력자를 억압하고, 유산자는 무산자를 착취하였기 때문에, 인민들은 어느 시대를 막론하고 무식·무력·무산에서 해방되려고 투쟁하였다. 조소앙은 "삼균주의는 이러한 역사적 발전에 의하여 한국에서 탄생한 것"으로 '절대 진리인 지상의 이념'이라 확신했다. 건국강령에서 "각 층 각 계급의 지력智力과 권력과 부력富力의 향유를 균평하게 하며 국가를 진흥"하자는 선언도 삼균주의와 정확히 일치한다. 건국강령은 이를 "홍익인간"과 연관지어 "우리 민족이 지킬 바최고공리"라고 공표했다.

신세계 신건설을 위한 신민주주의

■ 8·15 광복 이후 조소앙은 '삼균주의 사회'라는 말을 자주 썼다. 공산주의자들에게 '공산주의 사회'가 역사의 궁극점이라면, 삼균주의자 조소앙에게 그것은 '삼균주의 사회'다. '인간'이란 말이 '사람들 사이', '사람 사는 세상'이라는 뜻으로 사람들 '사이의 관계'를 깔고 있듯이, 삼균주의는 유사 이래 인간관계가 불균등하였고, 이것이

분쟁을 낳아 인류 사회의 모든 불행과 불화의 근본 원인이 되었다고 분석한다. 조소앙은 "인간의 모든 불합리한 모순을 제거하고 개인 대 개인, 민족 대 민족, 국가 대 국가간에 평등호조互助를 원칙으로 한 자유와 평화와 안전을 누릴 수 있는 사회를 건설하며 나아가서 세계일가를 형성코자 하는 것은 인류의 공통적인 최대염원"이자 '인류의 최고이상'이라고 인식하였다. 그는 세계일가가 인류의 최후목적지라고 단언하였다.

해방공간에서 조소앙은 노동자, 농민의 생산대중과 극빈계급을 가장 배려하는 사회경제체제를 구상했다. 노동자와 농민에 근거한 정치, 그들의 계급해방이 진정으로 실현되어 '지智·권權·부富에서 소외되지 않고 당당히 주체로 서는 완전균등사회'를 꿈꾸었다. 조소앙은 이를 공산주의식 계급투쟁이 아니라, 삼균주의를 실천함으로써 평화의 방법으로 달성하고자 했다.

조소앙의 민주주의관은 21세기인 지금도 새롭다. 조소앙은 "프랑스와 미국은 군주의 독재적 압박에서 탈피하려는 동기에서 민주주의를 창립하였지만 100여 년간 시험한 결과는 지식파·유산파의 독재화로 끝났으며" 러시아는 "군주독재와 지부智富계급의 발호에 자극되어 소비에트제도를 창립하였지만 10여 년간 시험한 결과 무산독재로 귀착되고 말았다"고 비판했다. 신민주공화국은 "정치권리의 균등, 생활권리의 균등 및 배울 권리의 균등"을 구현한 국가체제로, 이것이 '한국혁명의 진수'라고 강조했다.

삼균주의를 주장한 조소앙

독립운동가이자 사상가, 정치가인 조소앙은 정치, 경제, 교육의 균등을 주장한 삼균주의를 정립했다. 계급해방의 실현으로 완전균등사회를 꿈꾸었지만 피랍 이후 1958년 평양에서 세상을 떠났다.

조소앙은 '신민주'의 개념을 "민중을 우롱하는 자본주의 데모크라시도 아니며 무산자독재를 표방하는 사회주의 데모크라시도 아니"라고 설명하고 "민주정치의 진수 혹은 민치의 본질을 실행하자"고 제안했다.

미국과 소련이 38선을 경계로 남과 북에 진주한 해방정국에서 조소앙이 개척한 삼균주의는 실현이 난망했다. 하지만 조소앙은 현실 앞에 주저앉지 않았다. 제헌국회에는 참여를 거부했지만, 2대 총선에는 사회당 대표로 출마했다. 이승만 정권의 조직적 개입이 있었음에도 전국 최다 득표로 국회의원이 되었다. 조소앙은 "민족진영의 기반을 공고히 하여 자주적인 통일국가를 완성하겠다"고 출마 이유를 밝혔다. 하지만 당선 한 달도 지나지 않아 일어난 한국전쟁은 조소앙의 정치적 포부 실현에 결정적 장벽이 되었다. 국회의 '수도 사수' 결의에 따라 서울에 남아 있던 조소앙은 평양으로 피랍되었다.

조소앙은 평양 당국에 자신을 서울로 돌려보내 남과 북의 중재자적 위치에서 평화통일운동을 전개하게 해달라고 요청했지만 거부당했다. 1956년 7월 조소앙과 안재홍을 비롯한 납북인사들로 '재북평화통일촉진협의회'가 구성되었지만, 평양 정권은 협의회가 내건 '중립화 통일론'을 억압했다.

조소앙은 학질에 걸려 1958년 7월에 사망했다고 알려졌다. 그런데 소련 붕괴 뒤 공개된 문서가 알려주는 진실은 사뭇 다르다. 1958년 11월 평양 주재 소련대사관의 1등 서기관이 작성한 보고서에 따르면, 조소앙은 '반김일성 활동' 혐의로 조사가 시작되자 대동강에 투신 자살했다. 보고서가 사실이라면, 조소앙은 앞서 '미제 간첩'으로 사형당한 박헌영의 최후에 절망했을 가능성이 높다. 평양 애국열사릉에 묻힌 조소앙에 남쪽은 1989년 건국훈장 대한민국장을, 북쪽은 1990년 조국통일상을 추서했다.

조소앙은 '신민주주의＝삼균주의'를 한국 민족의 국가체제로 삼고, 나아가 이로써 세계사의 차원에서도 자본민주주의와 공산주의의 체제 대립을 지양, 회통시키려는 원대한 포부를 품고 있었다. 신민주주의는 비단 한국 민족만의 목표가 아니라 세계사의 발전 과정에서 '신세계 신건설'을 위한 노선이었다. 삼균주의는 구체적이고 현실적이었다. "국가의 독립은 정치적으로만 완성되는 것은 아니다. 그 기초로 경제적 기반이 확고하여야 한다"고 본 조소앙은 경제적 평등이 실현되지 않은 정치 평등은 '가짜 평등'이라고 매섭게 비판했다.

대생산기관을 국유화하고 균등한 분배를 실천하며 국가 주도로 고도의 과학기술을 개발하고 생산력을 발전시켜 경제 성장을 비롯한 사회 발전을 이뤄냄으로써 민중의 부력을 증가시키자는 제안은 선구적이다. "과학상 지력을 경제상 부력과 함께 각 층급에 골고루 배급 주기 위하여 선결 문제로 정치상 권력을 어느 한 계급에 독점되지 않고 공민 각개의 기본적 균형을 완성"하자는 조소앙의 삼균주의는 21세기 정보과학기술 시대를 맞아 새롭게 조명받을 가치가 충분하다.

새길을
여는
사유

─ 삼균주의는 오늘날 어떤 의미가 있을까?

─ 조소앙의 민주주의관은 오늘의 민주주의와 어떻게 다른가?

─ 조소앙이 납북되지 않았다면 한국 정치사는 어떻게 전개되었을까?

•••••• **더 읽어 볼 만한 책**

『조소앙:한국근대사상가선집』, 강만길 편, 한길사, 1982

『조소앙의 삼균주의 연구』, 홍선희 저, 부코, 2014

김삼웅, 『조소앙 평양에서 자살 러시아보고서』

(http://blog.ohmynews.com/kimsamwoong/521999), 2014.8.10

20

복지국가 스웨덴을 만든
민중의 아버지

타게 엘란데르

Tage Erlander
1901~1985
스웨덴의 정치가

대한민국 2대 총선에서 최다 득표로 당선되어 삼균주의를 구현할 의지로 가득 차 있던 사회당 대표 조소앙은 한국전쟁의 세찬 소용돌이에 휘말려 들어갔다. 그런데 바로 그 시점에 조소앙이 꿈꾼 미국식 자본주의도 소련식 사회주의도 아닌 새로운 정치경제 체제를 실현해 간 정치인이 지구촌에 있었다. 그의 무대는 외세로 인해 식민지로 전락한 나라도, 국토가 분단된 나라도 아니었다.

청렴한 스웨덴 민중의 아버지

━ 타게 엘란데르는 1901년 스웨덴에서 태어났다. 그는 1946년 집권해 1968년 퇴임할 때까지 옹근 22년 넘도록 재임했다. 엘란데르

는 재임 중 치러진 총선에서 모두 승리하며 '지구촌 복지국가의 대명사' 스웨덴의 길을 열었다. 22년의 총리 재임 기간이 끝난 후에도 총선에서 패배했기 때문이 아니라 스스로 하야했다. 자신이 너무 오래 집권했다며 "체질 개선이 필요하다"고 사퇴 이유를 밝혔다. 하지만 더 극적인 장면이 있다. 스웨덴의 최고 권력자로서 22년, 총리가 되기 전의 국회의원과 장관 경력 13년까지 더하면 35년을 권력의 핵심에 있던 엘란데르가 자발적으로 사퇴했을 때, 가족과 살 집이 없었다는 것이다.

대한민국에서 살아가는 사람들에게 정치인 엘란데르의 청렴은 충격일 수밖에 없다. 대통령 임기 7년 동안 5,000억 원 이상을 착복한 전두환뿐만이 아니다. 엘란데르가 스웨덴을 이끌던 1960년대에 한국을 이끈 권력자는 박정희였다. 엘란데르는 국민들의 사랑 속에 22년을 집권하다가 스스로 사임했고, 총을 들고 집권한 박정희는 3선개헌에 이어 유신체제를 선포해 집권을 연장하고 연예인을 밀실에 불러 술을 마시던 자리에서 정보기관 책임자에게 총을 맞아 숨졌다. 16년이나 집권한 박정희는 청와대 금고조차 정리할 틈 없이 죽었음에도 그의 자녀들은 문화방송MBC 주식 30퍼센트와 〈부산일보〉를 소유한 정수장학회, 한국 대학 가운데 땅이 가장 넓은 영남대학, 서울 어린이대공원에 자리한 육영재단 등을 좌지우지해 오고 있다.

엘란데르가 돌아갈 집이 없다는 사실을 알게 된 스웨덴 국민들은 돈을 모아 그가 살 집을 지어 주었다. 감동은 그게 끝이 아니다. 엘란데르가 사망하자 그의 아내는 그 집은 '국가 재산'이라며 비우고 반납했다. 비단 한국만이 아니다. 서방의 여느 정치인과 견주어도 엘란데르의 정치적 인생은 신선하다. 그가 정치에 새 길을 열었다는 방증이다. 엘란데르는 스웨덴에서 '민중의 아버지'로 불리고 있다.

하지만 미국식 자본주의, 소련식 사회주의와 달리 스웨덴식 복지국가의 길을 엘란데르가 혼자 연 것은 아니다. 그에 앞서 정치적, 사상적 길을 개척한 사람들이 있다. 엘란데르가 헌신한 스웨덴 사회민주당은 1889년 노동자를 위한 정당으로 창당됐다. 초기에는 노동자를 대변했지만 점점 권력과 자본이 없는 국민 대다수, 곧 민중을 대변하는 정당으로 바뀌어 갔다. 마침내 1932년 연정을 통해 집권했는데 총리는 한손^{Per Albin Hansson}이고, 사상적 기초를 마련한 정치인이 에른스트 비그포르스^{Ernst Wigforss}이다.

미국에서 일어난 대공황의 파도가 유럽으로 밀려올 때 농민당과 손잡고 1932년 총리가 된 한손은 재정을 확대해 공공시설 건축을 늘리고, 농업을 지원했다. 집권 직후인 1934년 실업보험을 시행하고 이듬해는 노후연금제도를 시행했다. 제2차 세계대전 때도 중립을 선언하며 민중의 삶을 나아지도록 하는 데 온 힘을 기울였다. 한손 내각에서 내내 재무부 장관으로 재직하며 적극적인 수요창출 정책을 통해 공황을 극복하고 복지 국가의 초석을 다진 인물이 비그포르스다. 그는 민간 기업이 투자하지 않는 부문에 정부 지출로 공공사업을 벌임으로써 일자리를 늘리고 사회 전반적인 생산성도 높여 갔

페르 알빈 한손(1885~1946)

스웨덴의 정치가 한손은 사회민주당의
당수를 지내면서 개혁 정책을 주도하였
다. 한손의 사망 이후 엘란데르가 사회
민주당의 당수와 총리를 겸임했다.

에른스트 비그포르스(1881~1977)

스웨덴 사회민주당의 핵심 인물로 활동
했으며 한손 내각, 엘란데르 내각에서
재정장관을 지냈다. 복지국가 스웨덴의
설계자로 불린다.

다. 사회복지 정책으로 일자리와 생활 안정도 구현했다. 당시 스웨덴 보수 세력은 "경제도 좋지 않은데 정부 지출을 늘린다"며 거세게 반발했지만, 사민당은 다음 총선에서도 승리했다. 공황을 이겨낸 스웨덴의 정책은 "케인스 이전의 케인스주의"로, 비그포르스는 "케인스주의 정책을 최초로 구상하고 실현한 인물"로 평가받으면서, 경제학자 갤브레이스처럼 '케인스주의'라 할 게 아니라 '스웨덴주의'로 해야 옳다는 경제학자들까지 나왔다.

국가는 민중의 집이다

■ 비그포르스의 논리에서 '잠정적 유토피아provisional utopia'라는 개념을 눈여겨보아야 한다. 그는 자본주의가 곧 망한다면서 혁명의 필연성 또는 당위성을 되풀이해 강조하지만 구체적 실천방안을 내놓지 못하는 '교조적 마르크스주의자'들과 선을 그었다. 객관적 현실을 직시하고 사람들이 삶 속에서 느끼는 고통과 열망에 발을 디딘 비그포르스는 '언젠가 올 유토피아'가 아니라 '지금 여기에서 실현 가능한 유토피아'를 제시하고 이를 구현할 정책에 집중했다. 현실에 유효한 정책들을 만들고 실현되었을 때의 비전을 제시해 민중 속에 잠재된 열망을 정치운동으로 담아내야 한다고 강조했다. 도그마와 달리 언제든 수정이 가능한 '가설'로써 잠정적 유토피아는 정당이 야합과 타협의 기회주의로 타락할 가능성을 막아주는 장치이기도 하다. 잠정적 유토피아는 민중의 고통과 열망에서 출발해 그 문제를

해결해 나가되 사회 전반의 정치경제 구조를 개혁할 장기적이고 일관된 기획을 추구한다.

한손과 비그포르스가 열어 놓은 정치 지형에서 엘란데르는 1933년에 사회민주당 후보로 출마해 국회의원에 당선되었다. 한손 내각에서 1938년부터 1944년까지 사회복지장관을 비롯해 교육장관과 종교장관을 지냈다. 한손이 사망한 1946년에는 사회민주당 당수가 되었다. 엘란데르는 총리가 되던 날 기록에서 "나는 총리가 될 만한 재목이 못 되는 사람이다. 하지만 젊은 나를 지지해 준 동지 그리고 나를 후원해 주는 국민들을 위해서 희생하라는 명령을 거부할 수 없었다"고 적은 뒤 "너는 정치인으로서 국민과 국가를 위해 희생할 각오가 되어 있는가?"를 스스로에게 물었다.

총리에 취임한 엘란데르는 복지를 위해 세금을 늘리는 정책에 반대하며 성장이 필요하다고 주장하는 세력과 싸워 나갔다. 엘란데르는 "물론 우리는 성장할 것이다. 그러나 다 함께 성장할 것"이라고 밝히고 "사람들에게 돈을 풀자는 게 아니다. 사람들이 돈을 벌 수 있게 하자는 것이다. 나는 돈보다 사람을 믿는다"고 역설했다. 그럼에도 반대가 이어질 때 엘란데르가 내건 구호가 '집'이다. 그는 국가는 '민중의 집The People's Home'이어야 한다며 '국가에 내는 세금이 곧 자신의 집에 대한 투자'라고 설득했다. "세금을 늘리는 게 아니다. 모든 국민의 소득을 늘리는 것"이라는 언명은 함축적이고 강렬했다.

국가는 '민중의 집'이라고 선언한 엘란데르는 분배의 형평성에 기초한 경제와 노동 정책, 평등과 연대를 바탕으로 하는 사회복지 정책을 주장하며 이를 위해 정책을 결정하고 집행하는 과정에 민주주의가 중요하다고 강조했다. 실제로 그는 사회 여러 계층과 오랜 시간 소통하며 모두가 동의하는 복지 정책의 기틀을 잡아 나갔다. 무엇보다 재계의 협조가 없으면 지속적 경제 성장이 불가능할 것으로 보고 가장 먼저 설득에 나섰다.

"저는 목요일이 한가한데요. 매주 목요일엔 저녁을 같이 먹읍시다."

엘란데르는 목요일 저녁마다 재계의 주요 인사들을 불러 대화의 시간을 마련했다. 저녁밥을 함께 먹는 자리에 노동조합 대표들도 초청했다. 재계와 노조가 국가경제의 두 날개라고 판단한 엘란데르는 그 둘이 적대적 관계에 있으면 경제가 날아오를 수 없다고 보았다. 그래서 목요일을 노조와 재계가 만나는 날로 정하고 총리로 재직하던 내내 꾸준히 대화의 정치를 펼쳐나갔다. 그 소통으로 엘란데르는 재계의 마음을 움직일 수 있었고, 경제 성장의 열매를 모든 국가 구성원이 함께 나눌 수 있는 기반을 형성했다. 목요일의 저녁식사 자리에 초대받지 못한 정치인, 노조위원장, 기업 회장을 찾아볼 수 없을 정도였다.

엘란데르 총리는 그 시간을 통해 국가의 현안과 경제 성장, 사회 정책, 그리고 외교 안보 성책까지 폭넓게 의견을 교환하고 협조를 구하는 대화의 정치를 지속적으로 펴 나갔다.

개인의 미래가 곧 국가의 미래

▬ 22년 넘게 집권한 그가 스스로 물러났을 때 뒤를 이은 정치인이 올로프 팔메Olof Palme다. 그 또한 스웨덴 사민당의 노선을 충실하게 따르며 "모든 사람은 정치인"이라고 강조했다. 사민당 장기집권의 결과는 눈부시다. 스웨덴에 유학해 그곳에서 교수로 재직하고 있는 최연혁은 스웨덴에서는 "우리가 쉽게 상상하기 힘든 일들이 일상에서 벌어진다"고 증언한다. 버스 노동조합이 파업해서 출퇴근길 발이 묶이더라도 이를 비판하는 언론이나 불평불만을 늘어놓는 시민을 찾아볼 수 없다. 노조 조직률이 80퍼센트에 이르는 스웨덴의 노동환경은 한국과 사뭇 다르다.

"회사 사정이 어려워져 구조조정으로 실직자가 된 어느 회사원은 짐을 꾸려 맘 편히 여행을 떠난다. 정리해고 되면 1년 동안 100퍼센트 봉급을 보전해 주는 것은 물론, 1년 이내 재취업 교육 등을 책임지고 창업비의 일부까지 회사가 지원해 주기 때문이다. 해고하면 그걸로 끝인 한국 기업에 비해 스웨덴의 기업들은 사회보장비 부담은 물론, 해고 시 재취업교육, 창업비 지원까지 책임지는 것이 기업의 책무라는 인식을 가지고 있다."

그가 대학에서 학기 시작 때마다 학생들에게 각자의 미래를 예측해 보라고 하는데 그때마다 학생들이 한결같이 적는다는 내용은 감동을 자아낸다.

"나의 미래는 낙관적이다. 나의 미래는 스웨덴의 미래와 연관되어 있기 때문이다. 국가가 존재하고 사회보장제도가 나를 보호하는 한 나는 실패가 두렵지 않다. 국가는 내가 힘들 때 도움을 주고 위기가 닥쳤을 때 내가 다시 일어설 수 있도록 힘을 줄 것이기 때문이다."

한국에서 대학교수로 학생들을 가르치고 있는 사람으로서 자괴감이 드는 글이다. 한국의 대학생 가운데 "국가는 내가 힘들 때 도움을 주고 위기가 닥쳤을 때 내가 다시 일어설 수 있도록 힘을 줄 것"이라고 믿는 젊은이는 과연 얼마나 될까. 전혀 없다고 단언해도 틀리지 않을 터다.

'민중의 집'은 19세기 말에서 20세기 초 사이에 유럽 전역에 생긴 풀뿌리 민중운동에 근거하고 있다. 지금도 스웨덴 곳곳에 자리하고 있는 민중의 집은 노동자를 비롯한 민중의 일상생활과 정치·경제·사회적 활동이 복합적으로 연결되는 장소이다. 노조와 정당, 다양한 조직들이 공식, 비공식적으로 만나는 소통 공간이기도 하다. 민중의 집 건물에는 값싼 와인과 빵을 공급하는 곳, 병원, 약국들도 들어서 있다. 연극 공연, 음악회 개최, 영화 상영, 스포츠 경기와 같은 다양한 문화 활동도 이루어진다. 한마디로 "토론과 예술이 함께 어우러지는 곳"이다.

눈여겨볼 섬은 민중의 집 건물에 '노동자교육협회'가 함께 있는 곳이 많다는 사실이다. 수도 스톡홀름을 비롯해 전국 곳곳에 지부를

1952년의 엘란데르

1946년부터 1968년까지 11번이나 선거에서 승리해 스웨덴의 총리를 지냈다. 복지국가 스웨덴
을 이룩해 '민중의 아버지'라 불리는 그는 스스로 자리에서 물러났을 뿐 아니라 이후 집이 없
을 정도로 청렴해 많은 사람들에게 놀라움을 안겨 주었다.

두고 있는 노동자교육협회는 민중의 집을 활용해 사회 구성원들을 대상으로 여러 강좌들을 개설하고 있다. 스톡홀름에서 내가 찾아간 민중의 집 들머리에도 여러 강좌들을 안내하는 전단지들이 수북했다. 강좌 개설은 일방적이지 않다. 오히려 민중 개개인의 자발적 학습모임이 많다. 노동자교육협회가 지원하는 공부모임이 그것이다. 어떤 주제든 학습을 희망하는 사람들은 누구나 공부모임을 꾸릴 수 있다. 노동자교육협회와 연결된 공부모임이 3만 5,000개라는 사실은 스웨덴 복지국가의 튼튼한 기반이 어디에 있는가를 단숨에 깨우쳐 준다. 국가 구성원의 70퍼센트가 민중의 집과 긴밀한 관계인 노동자교육협회를 통해 학습이나 교육에 참여한다.

물론 사민당에도 좌절은 있었다. 임노동자 기금안의 실패가 그 것이다. 임노동자 기금안은 "대기업의 초과 이윤을 회수해 노동자들이 관리하는 기금을 조성함으로써 노동자들이 주주가 되어 기업의 의사결정과 투자계획 및 자본의 흐름에까지 영향을 행사할 수 있도록 하는 사회 전체 차원의 경제 민주화 구상"으로 사민당이 1970년대부터 추진했지만, 대기업들의 거센 반발에 부닥쳐 1990년대에 이르러 파묻혔다.

스웨덴에서 엘란데르와 사민당이 연 새 길은 21세기인 지금도 여전히 실험 중이다. 그 과정에서 엘란데르가 한, 스웨덴에서는 이미 상식이 된 그 말이 한국을 비롯한 지구촌의 상식으로 구현될 그 날은 언제쯤일까.

"육아, 의료, 교육, 주거의 기본적인 문제가 사람들의 발목을 잡지 않아야 한 개인이, 한 나라가 최대한 성장할 수 있다."

"국가는 민중을 위한 좋은 집이 되어야 한다."

— 보편적 복지는 포퓰리즘인가?

— 스웨덴의 복지가 한국에서는 불가능한가?

— 민중을 위한 좋은 집은 어떤 모습일까?

•••••• **더 읽어 볼 만한 책**

『민중의 집』, 정경섭 저, 레디앙, 2012

『우리가 만나야 할 미래』, 최연혁 저, 쌤앤파커스, 2012

『비그포르스, 복지 국가와 잠정적 유토피아』, 홍기빈 저, 책세상, 2011

21

민중 주체의 사회주의를 제창한 21세기 혁명가

우고 차베스

Hugo Rafael Chavez Frias
1954~2013
베네수엘라 4선 대통령

미국식 자본주의와 러시아식 사회주의를 모두 거부한 스웨덴 사민당이 복지국가의 길을 차근차근 다지고 있을 때, 미국의 강력한 영향력 아래 있던 베네수엘라에서는 새로운 사회를 꿈꾸는 소년이 커 가고 있었다.

'우고 차베스'라는 이름이 베네수엘라 민중의 입에 오르기 시작한 것은 미국에 의존하며 민중학살도 서슴지 않은 정부에 맞서 뜻있는 군인들이 거사했을 때다. 당시 주도자가 공수부대장 차베스 중령이었다. 1992년 산유량 세계 4위의 '축복받은 나라' 베네수엘라의 실제 석유 소유자는 미국 독점자본이었다.

그들과 손잡은 베네수엘라 국내 매판 세력은 떡고물을 챙기며

부와 권력을 누렸다. 대다수 민중은 궁핍할 수밖에 없었다. 1980년
대에 외환위기를 겪으면서 미국이 주도하는 국제통화기금^{IMF}으로
부터 구제금융을 받았을 때, 신자유주의식 처방이 더해졌다. 그렇지
않아도 부익부빈익빈 사회에서 IMF의 처방은 빈부격차를 더 늘렸
고 물가도 폭등했다. IMF와 그 충고를 그대로 따른 정부에 베네수
엘라 민중은 분노했다. 야당이 있었지만 여당과 마찬가지인 보수정
당으로 이권을 나눠 먹고 있었다.

기존 의회의 틀을 넘어서

■ 1989년 2월 수도 카라카스에서 민중의 저항이 일어나자 정부는
계엄령을 선포하고 군대를 동원해 무차별 학살을 자행했다. 수천 명
이 숨졌다. 공수부대장 차베스가 "카라카스 학살 사태의 주범인 페
레스 정부를 응징하겠다"며 쿠데타에 나섰지만, 수도 장악에 실패
했다. 차베스는 체포를 앞두고 텔레비전 회견을 통해 거사가 "지금
은 실패했다"고 연설했다. 베네수엘라 민중은 "지금은"이라는 말로
변혁에 확고한 의지를 밝힌 차베스를 눈여겨보았다. 차베스가 미국
식 신자유주의 체제 아래에서 고통 받고 있는 민중을 위해 거사했다
는 사실도 알 수 있었다.

차베스가 감옥에 갇히고 얼마 뒤 페레스 대통령이 부패 혐의로
탄핵당했다. 보궐선거로 새 대통령에 당선된 칼데라는 더 많은 지지
를 얻기 위해 차베스를 석방했다. 차베스에게 호의적인 국민을 자기

쪽으로 끌어들이려는 속셈이었다. 하지만 감옥에서 풀려난 차베스는 대통령의 계산과는 달랐다. 군부 안에 남아 있던 혁명 세력과 진보적인 민간 운동 세력을 모아 '제5공화국 운동'을 창당했다. 국민적 지지를 모아 1998년 대통령 선거에 출마했고 56퍼센트를 득표해 당선됐다. 그때까지 베네수엘라 정치를 지배해 오던 두 보수 정당과 전혀 다른 정당이 단숨에 집권당으로 떠올랐다.

차베스는 취임 직후 최우선 공약으로 내걸었던 '제헌의회 소집을 위한 국민투표'를 실시했다. 제헌의회라는 말에서 나타나듯이 기존 헌법을 아예 폐기하고 새 헌법을 제정하는 것이 목표였다. 개헌이 아닌 제헌은 기존 의회의 틀을 넘어서는 일이기도 했다. 국민투표로 제헌의회 소집을 승인 받은 차베스는 제헌의원을 뽑는 선거에서 131명 가운데 100명을 확보했다. 제헌의회가 제정한 새 헌법은 대통령 소환제를 비롯해 직접 민주주의 요소를 강화함으로써 민중의 권리를 높였다. 이 헌법으로 베네수엘라는 제4공화국 틀을 벗고 국명도 '베네수엘라 볼리바르 공화국'으로 바뀌어 제5공화국에 들어섰다.

제헌의회 전략의 핵심은 대선 승리의 공간을 최대한 활용해 혁명적 법제를 만드는 데 있었다. 차베스가 당선됐을 때 국회는 기득권 세력이 절대 다수 의석을 차지하고 있었지만, 제헌의회를 통해 행정, 입법, 사법부를 비롯한 모든 국가기구를 전면적으로 바꿀 수 있었다. 1970년대 칠레의 아옌데 정권이 민주적으로 선출됐음에도 보수적 의회에 발목 잡혀 끌려가다가 미국의 사주를 받은 군부쿠데타로 실각한 사실에서 얻은 교훈이다. 차베스는 제헌의회를 통해 국가 권력을 확고히 장악하자마자 석유산업 국유화를 추진했다. 그 재원으로 무상의료와 무상교육을 비롯한 복지정책을 과감하게 펼쳐나갔다. 그 결과 10년 뒤 베네수엘라의 빈곤율과 영아 사망률은 절반으로 떨어졌고 인구 1만 명당 의사 수는 3배로 늘어났다.

석유 국유화에 반발한 기득권 세력은 2002년 군부를 부추겨 쿠데타를 일으켰다. 차베스는 납치되어 살해될 위기에 직면했다. 기득권 세력은 새 정부를 선포했지만, 차베스 체포 사실을 뒤늦게 안 베네수엘라 민중들이 일제히 거리로 쏟아져 나오면서 상황은 반전됐다. 결국 혁명은 더 힘을 얻어 앞으로 나아갔다. 차베스는 제5공화국운동당을 발전적으로 해체하고 '베네수엘라 통합사회주의당'을 창당했다. 민중은 전폭적인 지지로 답했다.

민중 주체의 사회주의를 위해

━ 차베스는 '민주적 사회주의'의 재생을 제창했다. 그가 '21세기적 사회주의'라고 명명한 체제, 곧 밑으로부터의 민주적 통제에 토대를 둔 민중 주체의 사회주의가 그것이다. 베네수엘라에서 4만 개가 넘는 공동체평의회, 수만 개의 노동자협동조합, 노동자들이 운영하는 수천 개의 공공기업들이 그 이념을 받아들였다. 한국의 사회과학계에서는 베네수엘라도, 차베스도 소홀하게 취급해왔다. 미국이나 영

2004년 카라카스에서 차베스에 반대하는 행렬

차베스 집권 기간 내내 미국은 반차베스 세력을 부추겼다. 2002년에는 쿠데타를 배후에서 조종해 차베스를 대통령관저에서 체포했지만 베네수엘라 민중이 모두 거리로 쏟아져 나와 실패했다. 2004년에는 대통령 소환 국민투표에 나섰지만 그 또한 실패했다.

국, 프랑스, 독일에서 제시된 사회과학 이론이나 방법론에 익숙한 사람들에게 차베스의 실험은 별다른 자극을 주지 못했다. 학계만이 아니다. 차베스에 대한 언론의 시선 또한 살천스러웠다. 언론인들 대다수가 차베스를 하찮게 여기며 '포퓰리즘'이니 '인기 영합주의' 따위로 매도했다.

하지만 '왜 오늘 베네수엘라 혁명인가' 물어야 할 이유는 역설적으로 미국 국방부의 논평에서 확인할 수 있다. 미 국방부는 차베스 혁명을 일러 "소련과 공산주의 이래로 미국에 가장 큰 위협"이라고 규정했다. 단순한 엄살이 아니다. 차베스가 공공연하게, 아니 노골적으로 당시 미국의 조지 부시 정권을 강도 높게 비판해 갔기 때문이다. 차베스는 유엔총회 연설장에서 미국 대통령 부시를 거명하며 "악마", "독재자"로 몰아세웠다. 그러면서도 베네수엘라와 미국 사이의 교역량을 늘리는 실용성을 결코 외면하지 않았다.

차베스가 집권할 때 5개 주요 민간방송과 10개 전국 주요 일간지 가운데 9개가 노골적인 반차베스 진영이었다. 심지어 베네수엘라 대다수 언론기관은 2002년 4월에 일어난 반차베스 쿠데타를 함께 모의하고 직접 홍보했다. 반차베스 언론의 좌장인 시스네로스 그룹의 매출액은 조선일보사의 열 배에 이르고 중남미 모든 지역에 영향력을 행사할 정도였다.

그럼에도 차베스는 결코 언론을 탓하지 않았다. 투항한 것은 더더욱 아니다. 그는 유권자와의 약속을 올곧게 지켜나갔다.

베네수엘라 혁명의 의미

■ 차베스와 베네수엘라 혁명의 21세기적 의미는 다음 네 가지로 간추릴 수 있다.

첫째, 21세기 혁명은 '글로벌 스탠더드'라는 이름으로 전 세계를 지배하고 있는 신자유주의에 정면으로 맞설 수 있는 반신자유주의 혁명이어야 한다. 베네수엘라는 일찍이 신자유주의를 전형적으로 겪어 온 나라이고 그 어둠에서 출발한 혁명이다. 21세기 혁명은 미국을 비롯해 몇몇 부유한 나라들이 어째서 IMF와 세계은행을 통제하고 있어야 하는가를 묻는다. 주주의 질서와 시장의 지배력만을 용인하는 경제시스템을 극복한 대안 경제혁명을 지향한다. 차베스 이전까지 연대성, 또는 사회적 연대는 시장의 실패에 대한 보완, 시장 원리를 중심에 두고 분배 과정에서 사회적 약자를 배려하는 수준에 그쳤다. 하지만 연대성의 가치는 국가에 의해 보장되는 것이 아니다. 민중의 주도성이 실현되고 민중이 생산과 소비에서 협력의 가치를 우위에 둘 때 비로소 연대성이 구현된다.

둘째, 21세기 혁명은 민주주의와 민중의 참여를 강조한다는 점에서 스탈린주의와 확실히 다르다. 21세기 혁명은 20세기의 낡은 정치 사회질서를 대체하고 새로운 체제를 건설하는 사회혁명이다. 베네수엘라 혁명은 '과거 체제와의 완전한 단절', '새로운 공화국의 수립'을 목표로 출발했다. 새 헌법에 이어 통과된 개혁 법률들로 과거 체제를 넘어선 차베스는 민중이 자수적이고 조직적으로 참여하여 새로운 사회를 구현해야 한다고 호소했다. 그 점에서 차베스가 제시한 21세기 혁명은 진정한 참여정치 혁명이다. 실제 베네수엘라 혁명 과정에서 국가 체제에 대한 민중의 직접적 통제가 구체화되고, 풀뿌리 단위에서 주민의 실질적 참여가 확대되었다. 집권 이후 자율적 민중 조직도 폭발적으로 증대했다. 차베스는 기존의 소련·동유럽식 사회주의와 선을 그었다. 차베스는 21세기 혁명이 '20세기 사회주의'의 국가주의, 관료주의, 엘리트주의를 반드시 넘어서야 한다고 강조했다.

차베스가 시도했고 성공했듯이 그 혁명은 무장혁명이 아니다. 민주주의와 법치주의에 근거한 선거혁명, "끊임없이 선거하는 혁명"이다. 차베스는 "시민 민주주의적 절차와 보통선거를 정치적 권리로 보장하는 가운데, 기득권 세력의 청산과 낡은 시스템의 개편을 선거와 투표라는 방식으로 추진"했다. 아래로부터 사회개혁 성과를 선거와 입법에 줄기차게 반영해 감으로써, 민중이 지배하는 정치를 뿌리내려 갔다.

셋째, 21세기 혁명은 '사회적 경제Social Economy'라는 새로운 경제모델을 기반으로 한다. 사회적 경제의 기초는 '사회적 생산기업'이다. 재화와 서비스 생산에 복무하는 경제적 단위로 모든 구성원들이 평등하고 계획 과정에 노동자들의 참여가 보장되며 소유형태는 국가, 집단, 또는 혼합적 유형이 있다. 기존의 막대한 실업자와 이른바 비공식 부문 종사자로 불리는 노점상들도 협동조합과 같은 새로운 방

법을 권장해 갔다. 자영업이 비정상적으로 많은 한국 사회가 참고할
만한 정책이다.

베네수엘라 경제개혁이 그랬듯이 부도덕하지 않게 취득된 사
적 재산권을 인정한다는 점에서 21세기 혁명은 '몰수 없는 혁명'이
다. 베네수엘라 헌법 299조는 베네수엘라가 추구해야 할 "사회적 경
제체제는 사회정의, 민주주의, 효율성, 자유경쟁, 환경보호, 생산성
과 연대의 원칙 아래 총체적인 개인 발전과 공동체를 위한 존엄 있
고 유익한 실존을 확보할 것"이라고 선언한다. 혁명 과정에서 기업
소유주와 경영진들이 이른바 '자본 파업'으로 의도적인 공장 폐쇄를
감행하거나 체임을 누적시킬 때, 차베스는 사적 자본을 몰수하는 전
통적인 방법을 선택하지 않았다. 공공적 편익과 사회적 이익의 근거
를 지닌 기업에 대해서 그것도 국회의 의결 과정을 밟고 공정한 보
상 지불을 통해 사적자본의 소유를 이전했다.

넷째, 21세기 혁명은 새로운 지역공동체를 건설하는 혁명이다.
세계화 시대에 자급자족적 사회경제 메커니즘을 구현하는 것은 대
안이 될 수 없다. 지구촌과의 소통을 유지하면서도 미국이 주도하는
세계적, 지역적 질서와 선을 긋고 새로운 유형의 대안적 지역공동체
를 건설하며 새로운 유형의 국제적 관계를 수립할 필요가 있다.

차베스는 미국이 주도하는 WTO나 NAFTA와는 전혀 다른 철
학과 방식으로 '남미를 위한 볼리바리안 대안ALBA'을 추진했다. 브
라질의 전 대통령 룰라 다 실바는 자신이 차베스와 긴밀한 사이였으

2006년 정상회담에서 차베스(왼쪽), 키르치네르, 룰라 다 실바

2006년 브라질리아에서 열린 정상회담에서 베네수엘라 대통령 우고 차베스와 아르헨티나 대
통령 네스토르 키르치네르, 브라질 대통령 룰라 다 실바가 서로 손을 맞잡고 웃고 있다.(출처
CC BY 3.0 br)

며 라틴아메리카를 위한 비전을 공유하고 있었다고 회고했다. 룰라가 2006년에 대통령에 재선된 뒤 처음 나들이를 한 나라가 베네수엘라였다. 마침 대통령 재선 운동을 하고 있던 차베스를 돕기 위해서였다.

차베스의 집권을 전환점으로 브라질을 비롯한 라틴아메리카 전반에 진보적 정권이 들어섰다. 차베스는 '라틴아메리카 통합'이라는 원대한 목표를 제시했다. 룰라는 "아마도 차베스의 생각은, 라틴아메리카의 위대한 해방자 시몬 볼리바르의 생애가 차베스에게 그랬던 것처럼, 미래 젊은이들에게 영감의 원천이 될 것"이라고 전망했다.

21세기 혁명가 차베스는 2013년 3월 암 투병 끝에 눈을 감았다. 차베스의 사망으로 한 달 뒤 치러진 대선에서 차베스 후계자인 니콜라스 마두로가 살얼음 차이로 대통령에 당선됐다. 차베스의 때 이른 죽음 때문에 그가 제시한 '21세기 혁명'이 자칫 좌초될 위험도 분명 있다. 차베스 사후 공교롭게도 유가가 곤두박질쳐 베네수엘라 경제가 흔들리고 있는 것도 사실이다. 마두로 대통령은 지도력과 소통능력 모두 차베스에 견줄 수 없을 만큼 미약해 자본의 사보타지에 효과적으로 대처하지 못했다. 결국 중간층이 이탈하면서 2015년 12월 총선에서 17년 만에 패배했다. 차베스의 공백은 그만큼 컸다. 아울러 어떤 사회든 변혁은 탄탄대로를 걷지 않는다는 진실을 새삼 깨우쳐 준다.

하지만 차베스가 지구촌의 숱한 민중에게 심어 준 '21세기 혁명'

의 꿈은 그 누구도 근절하지 못할 것이다. 그 꿈은 단순히 사회적 형평성이나 분배 중심의 복지국가만이 아니었다. 사회경제적 민주주의 또는 실질적 민주주의의 복원만도 아니다. 민중이 스스로 정치적 실천을 통해 자본주의의 오랜 구조적 병폐를 넘어 새로운 사회를 이루는 꿈이다.

— 차베스가 제시한 '21세기 혁명'은 과거의 사회주의 혁명
과 어떻게 다른가?

— 차베스의 실험은 한국 언론의 주장처럼 포퓰리즘인가?

— 새로운 사회의 주체는 누구인가?

•••••••• **더 읽어 볼 만한 책**

『베네수엘라, 혁명의 역사를 다시 쓰다』, 새로운사회를여는연구원 저, 시대
의창, 2007
『차베스외 베네수엘라 혁명』, 안태환 저, 이담북스, 2012
『차베스, 미국과 맞짱뜨다』, 베네수엘라 혁명 연구모임 저, 시대의창, 2006

22

인간의 위기를 극복하는 사랑을 실천하다

프란치스코

Francis
1936~
제266대 교황

베네수엘라 혁명을 이끈 차베스는 육사생도 시절에 콜럼버스 동상 앞을 행진할 때 벼락처럼 의문이 다가왔다고 털어놓았다.

"나는 동료들에게 물었다. 도대체 우리가 왜 저 침략자에게 경의를 표해야 하는 거지?"

차베스가 숨진 2013년 3월에 남아메리카 출신으로 처음 교황에 선출된 프란치스코는 제국주의 침략 시대에 "신의 이름으로 아메리카 토착민들에게 많은 중죄를 저질렀다"고 사과했다. 비단 과거를 속죄하는 데 그치지 않았다. 프란치스코 교황(이하 프란치스코)은 세계 자본주의 체제를 날카롭게 비판했다. 한국의 대다수 언론은 남아메리카를 방문한 프란치스코가 물신숭배를 '악마의 배설물'로 표현했다고 보도했다. 하지만 물신숭배도, 배설물도 프란치스코의 뜻을 고스란히 옮긴 말은 아니다.

2015년 7월 9일 볼리비아 강론에서 프란치스코는 "돈을 자유롭게 좇는 탐욕"은 악취 나는 "악마의 똥the dung of the devil"이라고 비판했다. 자유롭게, 속박 없이 돈을 좇는 전형은 신자유주의 체제다. 실제로 프란치스코는 교황 취임 이후 내내 자본에 대한 규제가 없는 자본주의를 비판하며 이를 '새로운 독재'라 불렀다.

"돈에 대한 무분별한 추종이 세상을 지배하고 공익을 위한 헌신은 내버려졌다. 자본이 우상이 돼 사람들의 판단을 좌우하고, 탐욕이 전체 사회경제 체제를 주도하게 되면 사회는 망가진다. 돈은 남자와 여자를 (돈의) 노예로 만들고 서로가 서로를 미워하게 만들어 우리의 공동체를 무너뜨린다."

교황의 특권을 내려놓다

━ 프란치스코 이전에 가톨릭 교황들은 대체로 정치적 보수의 길을 걸어왔다. 1978년부터 2005년까지 교황 자리에 있었던 요한 바오로 2세가 대표적이다. 그는 조국 폴란드를 비롯한 동유럽 공산주의 체제와 소련이 무너지는 데 큰 역할을 했다. 더구나 교황청의 부패는 가톨릭 안팎에서 상식처럼 인식되고 있었다. 전임 교황 베네딕토 16세가 이례적으로 살아있을 때 사임을 선언할 정도로 곪아 있었다. 당시 미국의 주류 언론들은 베네딕토 16세 교황이 나이와 건강 문제로

사임한다는 발표는 표면적 이유일 뿐이라고 논평했다. 〈워싱턴포스트〉지는 "차기 교황이 누가 되든 파벌 싸움과 이탈리아식 정치에 몰두하고, 개혁에 적대적인 노인들의 정치조직을 물려받을 것"이라고 전망했다.

하지만 아니었다. 호르헤 마리오 베르고글리오 Jorge Mario Bergoglio 추기경은 달랐다. 교황으로 선출된 그날 그 자리에서 그는 평생 청빈하게 살며 가난한 이들에게 헌신한 빈자들의 성인 이름을 교황명으로 선택했다. 새 교황은 "파벌 싸움과 이탈리아식 정치에 몰두"하지도 않았고, "개혁에 적대적인 노인들의 정치조직"을 이어 가지도 않았다. '교황'이라는 칭호 대신 스스로를 '로마 주교'라 부르며 교황에게 따르는 특권들도 모두 내려놓았다. 교황으로 선출된 날, 베드로 광장에 모인 군중과 인사한 뒤 저녁 만찬장으로 가면서도 추기경들과 함께 버스를 탔다. 신임 교황을 위해 기사가 딸린 리무진과 경호원이 대기하고 있었지만 사양했다. 숙소도 교황의 공식 거처에 머물지 않고 일반 사제들이 오가는 바티칸의 게스트하우스에 정했다. 값비싼 방탄차를 물리치고 소형차를 선택했다. 사소하지만 그것은 새로운 길을 열어가겠다는 결기였다.

취임 뒤 두 번째 맞는 성탄절에 프란치스코는 교황청에서 일하는 추기경, 주교, 사제들이 모두 모인 자리에서 "교황청 관리들이 위선적인 이중생활을 하고, 어떤 희생을 치르든 권력을 차지하려 하는 등 신을 위해 봉사하는 자신의 본분을 잊은 영적 치매에 걸렸다"고

질타했다. 그는 위선적인 이중생활은 "아주 전형적인 정신적 공허"에서 비롯한다고 지적했다. "일부 교황청 관리들은 다른 사람이나 모든 존재보다 우월하다는 잘못된 생각을 갖고 있다"고 꼬집은 프란치스코는 "장례식에 간 듯한 표정이나 항상 우울한 얼굴 등과 같은 이들 질병은 모든 가톨릭 신도는 물론 행정 조직과 교구 등 개인과 조직에 부담을 주고 있다"며 "내년에는 속죄하고 병이 낫기를 희망한다"고 말했다.

종래 교황의 전통과 고정관념을 깨고 새로운 길을 개척해 온 프란치스코의 언행은 단순히 가톨릭 내부를 대상으로 하지 않았다. 프란치스코는 자신이 열어가는 새로운 길을 2014년 『복음의 기쁨』으로 압축해 내놓았다. 그는 탈규제나 규제 개혁을 주장하는 사람들을 날카롭게 비판했다.

"어떤 사람은 아직도 자유시장경제만이 경제 성장을 보장하고, 그 성장이 세상을 더욱 정의롭고 평등하게 만들 것이라고 주장하지만 이런 것은 시장에 대한 너무 유치하고 순진한 믿음"이라면서 "이런 경제는 사람을 사회에서 쫓아낼 뿐 아니라 사용하다가 소모품처럼 버리고 죽이는 경제다. 이런 배척과 불평등의 경제는 안 된다고 말해야 한다"고 강조했다. "본디 돈이 사람에게 봉사해야 하는데, 현재 체제는 사람이 돈에 봉사하게 만든다"는 고발이 이어졌다.

프란치스코는 "더 정의롭고 더 연대하는 세상을 만드는 일에 온 힘을 다해 투신"하라며 다음과 같이 호소했다.

1948년경 살레지오회 칼리지에 다니던 시절의 프란치스코

위에서 세 번째 줄 왼쪽에서 네 번째가 프란치스코이다. 프란치스코는 이후 1958년 예수회에 입문하여 1969년 사제 서품을 받았다.

"세상 곳곳에서는 여전히 불평등과 차별이 벌어지고 있다. 누구도 이런 현실에 무감각해서는 안 된다. 각자 능력과 책임에 따라 사회의 온갖 불의를 종식시키는 데 협력하는 법을 알아야 한다. …… 더 살기 좋은 세상을 위해서는 반드시 연대의 문화가 정착되어야 한다. 연대의 문화는 다른 사람을 나와 무관하거나 경쟁하는 대상이 아닌 형제로 바라보는 것이다. 우리 모두는 형제다!"

사랑을 실천하는 교황

■ 프란치스코는 1936년 아르헨티나에서 이탈리아 이민자의 아들로 태어났다. 철학과 신학을 공부하고 33세가 되던 1969년 사제품을 받았다. 그가 예수회 신부로 활동하던 1970년대에 아르헨티나를 비롯한 남아메리카에 해방신학이 큰 영향을 끼쳤다. 베르고글리오 신부는 가난한 민중과 사회 정의를 위해 현실 참여를 주창한 해방신학에 공감하면서도 폭력과는 단호하게 선을 그었다. 베르고글리오 신부는 부에노스아이레스 대교구 보좌주교, 부교구장, 대교구장을 거쳐 2001년 추기경에 서임되었다.

대주교가 된 뒤에도 주교관이 아니라 침대 하나 놓인 작은 아파트에서 지냈다. 누구의 도움도 없이 직접 밥을 해 먹으며 운전기사도 두지 않고 주로 지하철과 버스를 이용했다. 2001년 추기경 서임식에 축하단이 참석하겠다고 하자 "그 여행 경비로 가난한 이들을 도우라"고 단호히 막았다. 베르고글리오 추기경은 부에노스아이레스에서 가장 위험한 빈민가에 불쑥 나타나 가난한 이들과 함께 차를 마시고, 고해성사와 미사를 집전하기도 했다. 검소하고 소박한 삶은 교황이 된 후에도 전혀 변하지 않았다.

'가난한 이들을 위한 교회'를 주창한 프란치스코는 "정치와 기업 지도자"들에게 "이윤이 부자뿐만 아니라 가난한 자에게도 나눠지도록 할 책임"을 강조한다. 아울러 "사람의 생명이 돈과 이윤의 제단에 희생되어야 하는 그런 우상숭배적인 경제 모델을 만들지 말 것"을 요구하고 나섰다.

10계명에 대한 그의 해석도 자못 현대적이고 구체적이다. 그는 '살인해서는 안 된다'는 계명을 새롭게 풀이한다.

"(그 계명이) 인간 생명을 보호하기 위해 분명한 한계를 제시한 것과 마찬가지로, 오늘날 우리는 배제와 불평등의 경제를 '해서는 안 된다'고 말해야만 한다. 그 같은 경제는 사람을 죽인다. 어떻게 나이 든 노숙자의 죽음은 뉴스가 되지 않으면서, 주식시장이 2포인트 하락한 것은 뉴스가 될 수 있단 말인가? 이것은 배제를 보여주는 사례다. 사람들이 굶주리고 있는데 다른 한편에선 음식을 버리는 상황에서, 우리는 아무렇지도 않은 듯이 서 있을 수 있는가? 이것은 불평등을 보여주는 사례다. 오늘날 모든 것은 경쟁과 적자생존의 법칙을 따른다. 이 법칙에 따르면 힘 있는 사람이 힘없는 사람을 희생시켜서 살아간다. 그 결과로 대다수의 사람이 배제되고 주변화 된다. 노동도 못하고, 가능성도 없고, 벗어날 수단도 없이 말이다."

2013년 세계 청년 대회 중 브라질의 빈민 지역을 방문한 프란치스코

아니나 다를까 프란치스코의 언행이 불편한 사람들이 수군대기 시작했다. 특히 미국 언론을 중심으로 "교황이 사회주의를 설파하고 있다"는 보도가 이어졌다. 프란치스코는 담담하게 대응했다.

"가난한 자에 대한 나의 관심은 기독 신앙의 본질에서 나온다"

실제로 프란치스코는 이데올로기 일반을 신뢰하지 않는다. "이데올로기는 사람들을 고려하지 않으며 효과도 결말도 좋지 않다. 지난 세기에 이데올로기로 벌어진 일들을 보라. 이데올로기는 언제나 독재로 귀결됐다"고 비판한다. 그의 이데올로기 비판은 사회주의만 겨냥하고 있지 않다. 아니, 오히려 그는 새로운 우상의 이데올로기를 집중 거론하고 있다. 교황에 선출된 그해 5월 "우리는 새로운 우상을 만들어냈다. 구약의 황금송아지 숭배가 오늘날 돈 숭배와 어떠한 인간적 목표도 갖지 않는 정체불명의 경제 독재 속에서 새롭고 냉혹한 이미지를 갖고 다시 나타났다"고 지적했다.

프란치스코는 "가난한 이들에게 보물인 연대의 정신은 반생산적인 것으로, 금융과 경제 논리에 반하는 것으로 간주된다. 소수의 수입이 급격하게 증가하는 가운데 다수의 수입은 곤두박질치고 있다. 이런 불균형은 시장의 자유와 금융 투기의 자유를 절대시함으로써, 결국 공동선을 증진해야 할 책임을 갖는 국가의 적절한 통제의 권리를 부정하는 이데올로기에서 나타난 결과"라고 단언한다. 그 이데올로기로 "눈에 띄지 않고 때로는 공공연한 새로운 독재가 구축되었다. 이 독재는 돌이킬 수 없는 방법으로 그 자체의 법과 지배력을 일방적으로 행사한다"고 분석했다. 그래서 프란치스코는 우리 시대가 "인간의 위기"에 직면해 있다고 우려한다.

"우리는 가난한 사람들의 울부짖음에 아무런 동정심도 느끼지 못하게 되었고, 다른 사람의 고통에 눈물을 흘릴 수 없게 되었다. 마치 이 모든 것이 내가 아니라 다른 누군가의 책임이라는 듯이 말이다. 번영의 문화는 우리를 죽이고 있다. 우리는 시장이 새로운 것을 내놓으면 전율한다. 그러는 동안 아무런 기회도 갖지 못하여 망연자실하며 사는 사람들은 단순한 구경꾼으로 전락한다. 물론 그들은 우리에게 아무런 감정도 일으키지 못한다."

프란치스코는 인간 위기의 원인을 "사람이 돈과 맺은 관계"로 규명한다. "우리는 돈이 우리 자신과 사회를 지배하는 것을 조용히 받아들이고 있다. 우리는 오늘날 금융 위기가 인간이 으뜸임을 부정하는 인간의 위기에서 비롯된 것임을 간과한다. 황금송아지를 경배하던 과거가 무자비한, 그러나 새로운 모습으로 다시 등장했다. 이는 돈이라는 우상으로, 참된 인간적 목적을 갖고 있지 않은 비인간적인 경제의 독재로 나타난다. 금융과 경제에 영향을 주고 있는 전 세계적 위기는 그 경제적 불균형뿐 아니라, 무엇보다도, 인간에 대한 무관심을 적나라하게 드러내고 있다. 사람을 단지 무엇인가 필요한 존재, 곧 소비가 필요한 존재로 환원시키고 있다."

프란치스코가 사랑을 강조하는 이유이다. 그가 제안하는 사랑은 공허하지 않다. 프란치스코는 "사랑에는 장인과 같은 노력이 필요하다"며 "사랑을 이룩하는 것은 수작업이고, 인내가 필요한 사적인 일이며, 설득하고 듣고 다가가기 위해 모든 것을 해야 하는 인간적인 일"이라고 호소한다.

프란치스코의 사랑은 생태로 이어진다. 2015년 반포한 '생태 회칙'에서 프란치스코는 지구를 "인류 공동의 집"이자 "우리와 함께 삶을 나누는 누이이며 두 팔 벌려 우리를 품어주는 아름다운 어머니와 같다"고 말한다. 바로 그렇기에 지구가 겪는 고통을 우리 자신의 고통으로 인식하고 우리가 할 수 있는 일을 찾아내야 한다고 촉구한다. 그가 진단한 생태 위기는 지구 온난화, 식수 오염, 생물 다양성의 감소에 머물지 않는다. "인간 삶의 질의 저하와 사회 붕괴"는 물론 "세계적 불평등"과 "문제 해결을 위한 지도력의 부족"까지 아우른다.

황금송아지를 숭배하는 신자유주의, 인간과 생태의 위기를 경고하는 프란치스코의 문제의식은 지구촌 차원의 새로운 지도력을 갈망하고 있다. 그 지도력은 프란치스코가 열어온 길에서 보여주고 있듯이 정직한 성찰과 겸손한 소통에서 나오지 않을까. 예수가 십자가에 못 박힌 뒤 그가 제시한 길을 프란치스코가 가장 충실하게 걷고 있는 것은 아닐까. 바로 그 점에서 프란치스코가 연 길은 '아주 오래된 새 길'이다.

새길을
여는
사유

── 프란치스코가 비판한 '새로운 독재'는 무엇인가?

── 프란치스코가 경고한 '인간의 위기'는 무엇인가?

── 프란치스코가 가르친 사랑은 무엇인가?

••••••• 더 읽어 볼 만한 책

『찬미받으소서』, 프란치스코 저, 한국천주교주교회의 역, 한국천주교중앙협
  의회, 2015
『사랑만이 우리를 구원할 수 있습니다』, 프란치스코 저, 김혜경 역, 가톨릭
  출판사, 2014
『복음의 기쁨』, 호르헤 마리오 베르고글리오 저, 한국천주교중앙협의회,
  2014
『네가 정말 나를 사랑하느냐』, 손석춘 저, 시대의창, 2014

23

자본의 논리를 넘어서는
위대한 정치를 제안하다

프리드리히 니체

Friedrich Wilhelm Nietzsche
1844~1900
독일의 철학자

프란치스코 교황은 '성직자 중심의 교회'와 교황청의 관료조직을 비판했다. "바티칸에서 일하는 관료들의 아첨 속에 스스로를 방치한 자기도취적 교황들이 너무 많았다"고도 말했다. 교황이 그 말을 하기 전, 이미 120여 년 전에 '인간 위에 군림하는 기독교'를 통렬하게 비판한 철학자가 있다.

'망치를 든 철학자' 프리드리히 니체이다. 그는 기독교 목사와 신부들이 역사적 예수와 다른 '구세주 유형'을 구상해 냈다고 비판한다. 니체에게 역사적 예수는 자유와 초탈, 평등과 사랑을 삶으로 실천한 "역사상 유일한 기독교인"이다. 그런데 사제 집단은 사랑을 통한 구원을 신앙을 통한 구원으로 바꿨다. 교회는 물론, 부활과 심판에 대한 종말론적 교리들 또한 예수의 뜻과 어긋난다. 니체는 구세주 유형을 왜곡하고 교회 조직을 세운 목사와 신부들이 신에 대한 복종을 권고하면서 실은 자신들에게 복종을 강요한다고 지적했다.

현대철학을 연 사상가

■ 니체에 대한 평가는 다채롭다. 한때 그를 파시스트 히틀러와 연관시키기도 했지만, 이제 그런 몽매한 주장은 나오지 않는다. 니체는 서양의 근대를 마감하는 동시에 플라톤 이후 2,500년에 걸쳐 서양인을 지배해 온 중심 가치를 전복하고 새 길을 연 철학자, 현대철학을 개시한 사상가로 눈부신 평가를 받고 있다.

흥미롭게도 니체는 그가 비판한 '사제 집단'인 목사의 아들로 1844년 태어났다. 대학에서 신학과 함께 고전문헌학, 예술사를 공부하던 니체는 곧 신학을 접고 문헌학에 몰입했다. 1869년 당대 최고의 문헌학자 아래에서 박사 학위를 받은 니체는 대학에서 고전문헌학을 강의했다. 교수 니체는 편두통과 만성적 위장장애로 육체적 고통에 시달리면서 따뜻하고 공기가 신선한 곳을 찾아다녔다. 사회적 삶은 최소한의 사교에 그쳤고 편지로 소통했다.

문헌학 교수로서 니체는 스승과 학계의 기대에 미치지 못했다. 문헌학자들은 니체가 출간한 『비극의 탄생』을 문헌학의 시각으로 재단하며 '졸작'으로 평가했다. 하지만 니체는 문헌학계의 평가에 주눅 들지 않았다. 1879년 건강상의 이유로 교수직에 사표를 던진 니체는 그로부터 4년 뒤에 대표작 『차라투스트라는 이렇게 말했다』를 발표했다. 카를 마르크스가 숨을 거둔 해이다. 니체는 그 책으로 자신의 철학적 과제를 실현했다고 자부했지만, 출간 직후 평가는 인색했다. 1부에서 4부까지 연속 출간했지만 마지막 4부는 자비로 출간할 정도였다.

그럼에도 니체는 좌절하지 않았다. '차라투스트라'를 통해 자기를 넘어서는 과정의 고통을 기꺼이 즐거움으로 받아들이는 자유정신, 자신의 내면에 있는 모순을 넘어서는 창조적 삶을 제시했노라 확신했다. 곧이어 니체는 『힘에의 의지』를 의욕적으로 구상한다.

하지만 1889년 1월 광장에서 마부가 말에 채찍을 휘두르는 광경을 목격한 니체는 갑자기 달려가서 말의 머리를 얼싸안고 쓰러졌다. 곧바로 정신병원에 입원했지만 사람을 분간하지 못했다. 휠체어 생활을 하다가 1894년부터는 말조차 할 수 없게 되었다. 20세기가 열리는 1900년 니체는 병상에서 숨을 거뒀다. 루 살로메에게 연정을 느낀 적도 있었지만 평생 독신으로 살았다.

잘못 해석된 니체의 주장

■ 니체가 남긴 가장 유명한 명제, "신은 죽었다Gott ist tot"는 단순히 기독교적 신의 죽음을 의미하는 것은 아니다. 그 '신'은 서양 철학이 전통으로 삼아온 '형이상학적 초월세계'를 뜻한다. 플라톤의 철학과 기독교 신학이 공유하는 세계관, 곧 주어진 삶 너머에 있는 '피안의

니체가 쾨셀리츠에게 보낸 편지

니체가 친구이자 작가, 작곡가인 쾨셀리츠에게 보낸 편지에서 새 책 『차라투스트라는 이렇게 말했다』에 대해 소개하고 있다. 니체는 1882년 11월 이탈리아로 떠나 고독하게 살아간다. 쾨셀리츠에게 "내 생의 최악의 겨울"이라고 말한 그해를 넘기고 이듬해 1883년 여름 『차라투스트라』1부를 완성한다.

세계'를 상정하는 사상과 결별해야 옳다는 제안이 "신은 죽었다"에 담겨 있다. 그것은 니체에게 인류가 '천상의 세계'에 빼앗긴 삶의 의미를 되찾는 전환점이자 잃어버린 지상의 세계를 되찾는 과정이다.

사람들이 '초월적 가치'에 현혹되지 않고 지상에서 자신의 삶을 온전히 살아가며 창조적 존재로서 자신을 형성해 가야 한다고 생각한 니체는 '삶을 긍정하는 철학'을 제시했다. 그 철학은 기존의 형이상학적이고 개념적인 틀을 벗어나 예술적이고 창조적이다.

니체가 삶을 걸어가던 당시 서양 철학은 헤겔이 대표하듯 보편성과 전체성을 중시하는 '동일성' 또는 정체성을 중시했다. 니체는 그 '전통'을 해체하며 개체들의 '차이'를 중시했다. 동일성에 맞서 차이를 중시한 니체가 연 새 길은 20세기 후반기에 들어와 '탈근대 사상' 곧 포스트모더니즘의 큰 흐름을 형성했다. 『차라투스트라는 이렇게 말했다』는 20세기 내내 전 세계의 언어로 번역되었고, 숱한 니체 연구서들이 쏟아졌다. "나는 인간이 아니다. 나는 다이너마이트이다"라는 선언이 적중한 셈이다.

니체는 존재 일반의 속성을 '관념'과 '물질'로 나누는 종래의 철학적 사유에 동의하지 않았다. 두 개념 가운데 어느 한쪽을 선택하는 방식의 철학적 사유에도 새 길을 열었다. 니체는 모든 존재의 속성을 관념도 물질도 아닌 '힘에의 의지'로 개념화 했다.

우수 또는 자연 전체를 고정된 실체나 존재^{being}로 파악하려는 철학적 전통과 달리 니체는 모든 존재를 '생성^{becoming}'으로 보았다. 그

생성의 역동적 변화를 의인적으로 표현한 개념이 바로 '힘에의 의지'다. '권력에의 의지'로 번역되면서 종종 오해를 불러일으켰지만, 그것은 어떤 특정한 실체인 인격적 주체가 권력이나 '힘'이라는 특정한 대상을 향해 행동한다는 뜻이 아니다. 모든 존재가 '힘에의 의지'라는 통찰이다.

니체는 시간을 초월한 정태적 실체나 존재를 부정한다. 우주와 자연의 모든 것은 시간을 떠나서는 생각할 수 없는 역동적 운동이다. 니체에게 그것은 '영원회귀' 사상으로 이어진다. 모든 현상, 모든 존재가 영원히 반복되어 생성된다는 뜻이다. 우주의 시간과 공간이 무한하기 때문이다.

"세계는 그 자신을 무한히 반복했고, 자신의 놀이를 영원히 계속하는 순환이다."

그렇다면 영원히 반복되는 삶을 인간은 어떻게 받아들여야 할까. 니체의 답은 명료하다. 그에게 인간은 '끊임없이 자기를 극복하는 존재'다. 니체의 사상이 처음 국내에 소개될 때, 그것을 '초인'으로 옮겼지만, 그 번역어 또한 '슈퍼맨'을 떠올리는 오해를 낳기 십상이다. 니체가 'Übermensch(위버멘쉬)'로 무엇을 말하려 했는지는 간명한 다음 문장에서 확인할 수 있다.

"나는 너희들에게 Übermensch를 가르치노라. 사람은 극복되어야 할 그 무엇이다."

스스로 밝혔듯이 니체는 인간을 "극복되어야 할 그 무엇"으로 보았다. 그 '무엇'이 '위버멘쉬'다. 니체에게 인간은 "스스로를 극복하는 생성"이다. 자신의 삶의 의미를 스스로 창조해 가는 주권자가 바로 위버멘쉬이다.

니체가 근대 사회를 비판하는 맥락도 거기에 있다. 니체에게 근대 사회는 인간을 병들게 하며 '정치 영역이 위축된 시대'다. 마르크스의 자본주의 비판과 달리 니체의 개념은 다분히 문학적이기에 적잖은 오해를 불러일으켰다. 이를테면 니체는 근대 사회에서 정치가 위축된 현상을 군주적 본능이 해체된 것으로 표현한다. '군주적 본능'이란 말에 집착해서 니체를 '반동적 철학자'로 해석하는 것은 그야말로 천박한 오독이다.

군주적 본능으로 니체가 제기한 문제는 21세기를 살아가는 사람들에게도 새로운 상상력을 불러일으킨다. 니체는 저서에서 '군주적 본능을 가지지 못할 때'와 '주권자, 입법자, 가치의 창안자이기를 그칠 때'를 동일한 뜻으로 쓰고 있다. 국가나 사회를 구성하고 있는 개개인이 스스로 주권자와 입법자, 가치 창안자로 살아가지 않고 있다는 지적은 니체가 살던 당대는 물론, 지금도 시대의 핵심을 정확히 짚은 통찰이다.

니체가 그 이유를 '국제적 화폐 은둔자들'과 연관 지을 때, 우리는 니체와 마르크스의 접점을 찾을 수 있다. 니체는 마치 100년 뒤의 신자유주의 시대를 예견이라도 하듯이 '국제적 화폐 은둔자'들을 일러 "정치를 '증권시장과 국가, 사회의 수단'으로 오용하고, 자유주의적·낙관주의적 세계관을 보편적으로 확대 시킨다"고 비판했다.

그랬다. 많은 사람들이 오독하고 있지만 니체는 근대 자본주의 사회가 인간을 '표준화'한다는 사실에 누구보다 분노했다. 니체는 현대 사회와 고대 그리스 사회를 견주어 설명했다. 고대 그리스에서 사람들은 "누구나 다른 사람들과는 다른 자신의 특성을 부각시키고자 했고 독특한 행위와 업적을 통해 자신이 최고임을 보여주었다." 문헌학 연구에 근거한 니체의 분석이다.

그런데 근대 자본주의 사회는 인간의 독특한 개성이나 행위를 '일탈'로 규정함으로써 순응주의 사회를 조장한다. 순응주의 사회는 니체에게 '정치의 쇠퇴 형식'이자 '정치의 소멸'이다. 니체는 근대의 정치를 '작은 정치'라든가 '정치를 상실한 정치'라고 비판하고 그 시대가 끝나 간다고 예고한다. 주권자가 투표권만을 주권 행사로 여기는 현실에 대해 니체는 자신이 복종해야 할 법을 만드는 데 '한 표'를 행사할 수 있을 뿐인 '작은 정치'라며 날카롭게 고발했다. 주권자는 입법자가 되어야 한다고 니체가 강조한 이유도 여기에 있다.

사회를 바라보는 마르크스와 니체의 다른 시각

 ━ 니체와 마르크스, 19세기의 두 사상가는 자유주의를 확연히 반대했다. 흔히 니체를 철저한 개인주의자로 이해하지만 전혀 아니다. 니체는 개인을 사회와 절연된 개별적 존재로 인식하는 자유주의자들의 전제가 오류임을 경고했다.

1882년의 니체

1869년 바젤 대학교에서 교수 생활을 처음 시작한 니체는 1876년 학교를 그만두고 유럽 각지를 돌아다니며 집필에만 집중했다. 1883년에 완성한 『차라투스트라』 1부를 시작으로 2년 뒤에 총 4부를 완성했다. 말년에 니체는 10여 년간을 병상에서 보내고 1900년에 세상을 떠났다.

"철학자들이 종래 생각해 온 개인, 곧 '단일인'이라는 것은 하나의 오류이고, 개인은 개별의 실체, 하나의 원자, 사슬 안의 고리, 그냥 과거로부터 내려온 존재가 아니며, 개인은 그에게까지 이르는, 그를 포함한 '사람'이라는 하나의 연속적 전체를 이룬다."

마르크스가 인간의 본질을 사회적 관계들의 결합체(앙상블)로 인식한 것과 같은 맥락이다. 물론 니체와 마르크스의 철학은 '차이'가 크다. 니체는 사회주의자들이 인간의 자연적인 선한 본성을 믿고 있다며 이를 '형이상학적 태도'라고 비판했다. "혁명이 성공하면 아름다운 인간성의 자랑스러운 신전이 솟을 것"이라는 사회주의자들의 생각을 니체는 '위험스러운 꿈'으로 단언했다.

사회주의자들이 소유물의 분배에 집중함으로써 문화나 도덕이 갖고 있는 힘에 너무 무지하다는 니체의 진단은 오늘날에도 새롭다. 자유주의에 대한 반동으로 사회주의는 큰 권력을 갈망하면서 전제주의를 닮아간다고 본 니체는 "사회주의가 원하는 국가가 달성된다면 생성의 강한 에너지는 파괴될 것"이라고 '정치의 쇠퇴'를 예언했다. 그때 국가는 새로운 생성적 힘을 상실하고 허무주의적 형태를 띠게 될 것이라고 전망했다. 니체의 그 '예언'은 소름이 끼치도록 적중했다. 소련과 동유럽 공산주의 체제의 몰락을 니체의 논리로 설명할 수 있다.

니체는 대의제 민주주의도 통렬하게 비판했다. 대의제와 관련해서 니체는 "우리가 우리 자신의 권리를 초월적 기구에 양도하면 양도할수록 가장 평균적인 자들의 그리고 마지막에는 최대 다수자들의 지배에 만족하게 된다"고 우려했다. 니체는 민주주의 사회에서 사회 구성원들이 기존의 가치에 적응하며 동일한 가치 아래 안주하고 있는 현상을 개탄한다. 다양한 국가 장치들, 법이나 관습, 문화가 사회 구성원들을 설득하고 강제해 '군주적 본능'이 완전히 상실됐다는 지적이다. 민주주의에서, 사회주의에서, 생성의 능력은 완전히 상실되었고 상실될 수밖에 없다는 니체의 비판은 자못 날카롭다.

니체와 마르크스는 자본의 논리에 휘둘리는 근대 사회의 '심연'을 각각 다른 시각에서 깊이 들여다보았다. 두 사상가는 자본의 논리를 넘어서는, 근대의 '작은 정치'를 넘어서는 '위대한 정치'를 인류에 제안했다.

한국 사회에는 아직도 마르크스를 반공주의 수준에서 인식하는 사람들이 많지만, 마르크스의 근대 자본주의 사회 비판은 제법 알려져 있다. 하지만 니체가 근대 자본주의 사회를 비판한 사실에 주목하는 사람들은 드물다. 개인주의 사상가로만 '이해'하는 이들이 압도적이다.

비판의 시선이 마르크스와 사뭇 다르지만, 자본의 독재를 넘어 새로운 민주주의를 구상할 때 마르크스 못지않게 니체가 연 새 길을 톺아볼 필요가 있다. 니체와 마르크스의 온전한 소통은 아직 이뤄지지 않았다.

── 니체는 근대 자본주의 사회를 어떻게 비판했나?

── 니체의 군주적 본능은 무엇인가?

── 니체에게 바람직한 사회는 어떤 모습일까?

•••••••• **더 읽어 볼 만한 책**

『이 사람을 보라』, 니체 저, 박준택 역, 박영사, 1977

『짜라투스트라는 이렇게 말했다』, 니체 저, 정경석 역, 삼성출판사, 1977

『니체, 천개의 눈 천개의 길』, 고병권 저, 소명출판, 2001

『니체 차라투스트라는 이렇게 말했다 (해제)』, 백승영 저, 서울대학교 철학
   사상연구소, 2004

『무엇을 할 것인가』, 손석춘 저, 시대의 창, 2014

24

정보혁명의 무기를 든
21세기 민중

네티즌

────── NETIZEN

니체는 현대인을 "하나같이 노예근성을 지닌 허섭스레기들"이라고 질타했다. 무리지어 그 속에서 순응하며 살아가는 사람을 니체는 '종말인'이라 불렀다. 1900년에 죽은 니체가 말한 현대인은 19세기 말 사람들이다.

니체가 광기를 일으키며 쓰러진 뒤 한 세기가 지나 인류는 '정보과학기술 혁명'을 맞았다. 15세기 구텐베르크혁명 이후 이어진 매스커뮤니케이션 시대와 달리 쌍방향 커뮤니케이션 시대가 열렸다. 그럼에도 니체의 날카로운 '현대인' 비판이 21세기를 살아가는 사람들에게도 유효하게 다가오는 까닭은 무엇일까.

미국의 대학 교수 마크 바우어라인은 디지털 시대가 "가장 멍청한 세대The Dumbest Generation"를 낳았다고 개탄한다. 물질적 조건이 풍요로움에도 지적 성취는 빈곤하고, 숱한 기술 발전과 달리 정신은 보잘 것 없는 세대라는 의미이다. 바우어라인은 진지한 책을 지루하다며 읽지 않는 세대를 분석하며 디지털혁명이 학습과 사고에 새로운 지평을 열어주기는커녕 오히려 민주주의를 위협할 만큼 '무지한 대중'을 양산한다고 비판했다. 니콜라스 카 또한 인터넷만 찾는 현대인을 '천박한 인간The Shallows'이라 꼬집었다.

과연 그러한가. 네티즌은 정말 멍청하거나 천박할까? 미국의 대표적 주간지 〈타임〉은 1920년대부터 한 해를 마무리하며 발표해 온 '올해의 인물'로 2006년에 'You'를 선정했다. 타임은 'You'가 동영상 공유사이트인 유튜브와 블로그를 통해 전 세계 미디어 영역을 장악하며, 새로운 디지털 민주화를 만들었다고 선정 이유를 밝혔다. 'You'는 바로 네티즌이다. 〈타임〉은 개인 미디어의 확산을 '혁명'이라 평가했다. 단순히 세상을 바꾸는 게 아니라 세상이 변화하는 방식마저 바꾼다고 전망했다.

2011년 〈타임〉은 '올해의 인물'로 'Protester'를 선정했다. '저항자'라는 의미의 'Protester'는 네티즌이다. 〈타임〉이 주목한 출발점은 유럽과 지중해를 사이에 두고 바다 건너에 자리한 튀니지다. 2010년 12월 17일 북아프리카 튀니지에서 26살의 청년이 분신자살했다. 대학까지 졸업했는데도 취업할 곳이 없어 과일 노점상을 하던 그에게 단속 나온 공무원이 뇌물을 요구했다. 청년이 거부하자 공무원은 그의 뺨을 갈겼다. 또한 허가 없이 영업한다는 명분으로 채소, 과일, 저울을 압수해 갔다. 빼앗긴 물건을 되찾으러 당국에 찾아갔지만 문전박대 당한 청년은 자신의 억울함을 알리려 온몸에 기름을 붓고 불을 질렀다. 이 분신 참사가 퍼지며 혁명은 시작되었다. 이때 주목할 것은 분노가 퍼져 혁명에 이르는 과정이다. 독재 권력을 대변하던 기존 신문과 방송은 청년의 분신자살을 외면했다. 1970년 전태일이 분신했을 때도 한국의 언론은 모르쇠하거나 축소 보도하지 않았던가.

하지만 인터넷과 모바일을 통해 청년의 죽음은 빠르게 퍼져갔다. 튀니지 민중은 실업 해소, 식료품 가격 안정, 표현의 자유를 외치며 시위에 나섰다. '공권력'은 무자비한 진압을 시작했다. 그 또한 생생한 동영상으로 유포되었다. 시위의 불길이 거세지자 대통령은 책임을 물어 내무부장관을 경질하고 일자리 30만 개 창출을 약속했다. 민중은 거기서 멈추지 않았다. 마침내 2011년 1월 14일, 민중의 꼭뒤를 누르며 24년 내내 독재자로 군림했던 대통령과 가족들은 사우디아라비아로 도망쳤다. 거리에서 과일을 팔던 젊은이가 분신한 지 채 한 달도 되지 않아 독재 권력을 전복한 주체는 네티즌이었다.

튀니지 혁명은 아랍 전역으로 퍼져갔다. 네티즌이 주도했다. 당시 구글에서 마케팅 일을 하던 사무직 노동자가 인터넷을 통해 한 이집트 청년이 경찰의 고문으로 죽은 사실을 알았다. 그는 경찰을 고발하고자 페이스북에 죽은 청년을 추모하는 공간을 만들었다. 참

튀니지 혁명 당시 시위대

튀니지 혁명은 23년간 독재를 해 온 벤 알리 정권에 반대하며 2010년 12월 전국적으로 확산된
튀니지의 민중 혁명이다. 재스민 혁명이라고도 한다. 인터넷과 모바일을 통해 정보를 공유하
여 독재 정권을 전복시킨 혁명의 주체는 네티즌이었다.

혹한 사진도 올렸다. 그의 페이스북은 삽시간에 이집트 네티즌 사이에 퍼져나갔다. 그는 "튀니지도 해냈는데 왜 이집트가 못하겠느냐?"라는 글을 올렸다. 그 글을 본 네티즌들이 거리로 몰려나왔다. 결국 32년 내내 권력을 휘두르던 대통령이 쫓겨났다.

튀니지와 이집트 젊은이들은 시위 장면을 휴대 전화에 담아 전송했다. 어떻게 시위를 조직하면 좋은지, 어찌하면 정부 검열을 피하고 안전하게 인터넷에 접속할 수 있는지 여러 정보를 주고받았다. 튀니지에서 독재가 무너지는 장면은 "무엇을 해도 변화하지 않는다"라며 자포자기에 빠져 있던 청년들의 의식을 단숨에 바꿨다.

비단 아랍만이 아니다. 불길은 미국으로 번져 갔다. 2011년 9월 17일, 30여 명의 청년들이 '월가점령운동Occupy Wall Street'을 시작했다. 월가Wall Street는 미국 경제의 중심지로 증권거래소와 금융기관이 밀집한 곳이다. 2008년 금융위기로 미국 정부가 천문학적 규모의 구제금융을 월가에 투입했는데, 정작 월가 금융회사들이 보너스만으로 200억 달러를 나눠 갖는 '돈 잔치'를 벌인 사실이 드러났다. 경제위기로 고통 받고 있던 민중은 거리로 나섰다. 부익부빈익빈을 더는 참을 수 없다는 의지의 표현이었다. 미국 중심부에서 벌어진 아주 작은 시위는 곧이어 사회적 미디어를 타고 수만 명으로 불어났다.

물론 아랍의 봄이나 월가점령운동은 그 이후 선개된 과정을 볼 때 실패했다는 비판이 나올 수 있다. 튀니지에서 이집트로, 다시 리비아, 시리아로 퍼져간 아랍의 봄은 혹한의 칼바람을 맞았다. 독재

정권이 무너진 이집트에서 민주선거로 무슬림형제단이 집권했지만, 2013년 쿠데타가 일어나 군이 다시 집권했다. 리비아에선 카다피 정권이 무너진 뒤 석유 이권을 둘러싸고 동부와 서부가 갈려 사실상 내전을 벌이고 있다. 시리아에서는 민주화 시위로 시작된 반정부 투쟁이 격렬한 내전으로 이어졌다.

하지만 아랍의 봄이 모두 겨울을 맞은 것은 아니다. '진원지'였던 튀니지는 차근차근 민주화 이행 절차를 밟아 갔다. 2014년 12월, 튀니지 역사상 첫 자유 경선으로 대통령 선거가 치러졌다. 독재정권을 쫓아낸 뒤 4년 만이다. 여기에는 혁명 이후 민주주의 건설을 주도해 온 '국민 4자 대화기구Tunisian National Dialogue Quartet'가 있다. 튀니지가 정치적 혼란과 시위 격화로 내전 직전의 위기를 맞았을 때, 노동단체들이 주도해 '대화 기구'를 만들면서 전환점을 마련했다. 튀니지노동연맹, 튀니지산업·무역·수공업연합, 튀니지인권연맹, 튀니지변호사협회 4개 조직이 연합해 2013년에 결성한 4자 대화기구는 정당과 시민사회, 행정부 사이의 갈등을 중재했다. 모든 국민에게 평등한 기본권을 부여하는 헌법을 제정하고 선거관리위원회 설치를 주도했다. 4자 대화기구는 2015년 노벨평화상을 수상했다. 이슬람주의자들과 세속주의자들의 대립, 이슬람 수니파와 시아파의 싸움, 무장 세력의 출현으로 혼란이 증폭되고 있는 중동·북아프리카에서 노동단체가 주도한 '대화기구'가 해법일 수 있음을 입증했다.

월가점령운동은 2011년 11월 30일 마지막 시위대가 경찰에 해산당하면서 73일 만에 사실상 막을 내렸다. 하지만 그렇다고 운동이 실패로 끝난 것은 아니다. 비록 뚜렷한 목표와 요구사항을 제시하지도, 눈에 보이는 성과도 얻어내지 못했지만, 미국의 자본주의 체제에 근본적 물음을 던지며 중심가에서 민중 시위가 일어난 의미는 결코 가볍지 않다. 월가점령운동은 글로벌 금융기업의 행태에 경종을 울렸고, 많은 미국인들에게 문제의식을 심어 주었다.

기실 소련과 동유럽 몰락 이후 지구촌에 보편화 한 미국식 생활양식은 '물신'을 숭배해 왔다. 문화사를 연구한 모리스 버먼은 미국이 독립전쟁 시기에 청교도 정신과 공화주의를 내걸었지만, 실제로는 건국 직후부터 '허슬링hustling'이 지배했다고 단언했다. 허슬hustle이란 경제적 이익을 얻기 위해 수단과 방법을 가리지 않는 행태를 뜻한다.

미국인은 대부분 허슬러hustler, 곧 탐욕스러운 경제적 동물이라고 버먼은 비판한다. '아메리칸 드림'을 구성하는 야심, 혁신, 근면, 조직, '할 수 있다' 정신들이 모두 허슬링에서 유래했다.

일찍이 알렉시스 토크빌은 1831년에 쓴 편지에서 "미국 국민의 국민성을 깊이 파 들어가면, 그들은 이 세상 모든 것의 가치를 오직 단 하나의 질문, 그것이 얼마나 많은 돈을 벌어올 것인가에 대한 답에서 찾아왔음을 알게 된다"고 지적했다. 21세기인 오늘, 토크빌이 말한 '미국인'은 미국에만 있지 않다. 지구촌 곳곳에 있다. 공공선은 아랑곳하지 않는 맹목적인 사익 추구가 본디 미국을 끌어온 힘이

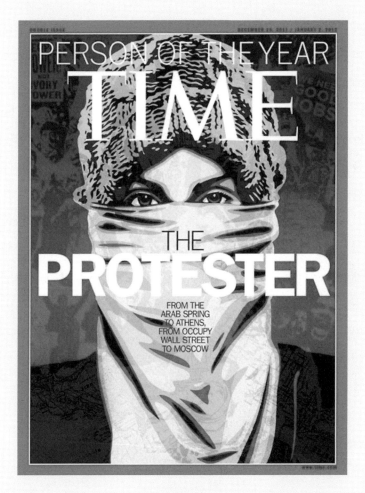

2011년 〈타임〉 표지

2011년 올해의 인물로 'PROTESTER'가 선정되었다. 〈타임〉지는 선정 배경을 튀니지를 시작으로 한 중동 지역과 유럽, 미국 월스트리트에 이르기까지 기존 체제에 저항하는 민중의 힘을 재정립했기 때문이라고 설명했다.

며, 부를 축적하려는 개인들의 집념이 미국을 견인해 왔다는 모리스
버먼의 지적은 미국식 신자유주의체제를 받아들인 모든 나라, 모든
'국민'에 적용될 수 있다. 대한민국만 보아도 그렇지 아니한가.

버먼이 미국식 생활양식을 비판한 『Why America Failed The
Roots of Imperial Decline』은 〈타임〉이 올해의 인물로 '프로테스터'
를 꼽은 그해에 출간됐다. 그렇다면 네티즌은 '프로테스터'일까, '허
슬러'일까.

네티즌(netizen)은 통신망 네트워크(network)와 시티즌(citizen)의
합성어다. 브리태니커백과사전은 네티즌이 "단순히 '컴맹'의 반대
개념인 통신망 사용자의 의미가 아님"을 강조한다. "통신망을 바탕
으로 공동체적 의미를 가지고 사회적 관계를 적극적으로 형성해 나
가는 주체적인 사람들"이 네티즌이다. 산업혁명의 주체가 시티즌이
었다면 네티즌은 정보혁명의 주체다. 그 점에서 네티즌은 21세기 민
중이다.

정보혁명이라는 무기를 들다

— '민중'은 영어 '피플people'로 '피지배자'와 '국가와 사회의 주인'이
라는 두 의미를 모두 지닌다. 유럽에서 귀족의 대립 개념으로 사용
된 '피플'은 시민혁명을 거치면서 피지배자가 아니라 국가의 주인이
라는 인식이 보편화해 갔다. 링컨이 말한 '국민의, 국민에 의한, 국민
을 위한 정부'의 원문은 바로 "the government of the people, by the

people, for the people"이다. '국민'이라는 번역어는 국적을 지니고 국가에 순종하는 사람들 뜻하기에 피플의 번역어로 적절하지 않다. '민중'이란 말이 '운동권 용어'라거나 좌경화된 개념이라는 전혀 사실과 다른 선동을 일삼는 자들의 노림수는 단 하나다. 민중의 단결을 막는 데 있다. 동서고금을 막론하고 '분할 지배'는 언제나 권력의 통치전략이었다.

'민중'에는 한국 근현대사의 경험이 듬뿍 담겨 있다. 민중이란 말은 1894년 전봉준이 주도한 농민전쟁 때부터 소통되기 시작했다. 일제 강점기 독립운동 과정에서는 물론, 4월혁명, 5월항쟁, 6월항쟁, 7·8월 노동자투쟁으로 이어지는 우리 근현대사의 역사적 성취도 담고 있다.

마침 인류사는 20세기 종반부터 불어온 정보과학기술 혁명으로 새 국면을 맞았다. 자본주의 체제가 그대로 유지되고 있다는 점에서 그 의미를 가볍게 볼 수도 있겠지만, 정보혁명은 앨빈 토플러식의 '제3의 물결'과는 질적으로 다른 혁명적 변화의 가능성을 열어 놓았다. 모든 민중이 인터넷으로 온 세계를 넘나들면서 자신이 원하는 정보를 자유롭게 활용하여 그것을 남에게 전파할 수 있기 때문이다.

근대 이후 민중은 권력이나 자본이 없는 피지배자라는 의미와 더불어 주권자라는 뜻을 담아 왔는데 그것은 모순이 아니다. 민중이란 말 자체가 고정된 실체 개념이 아님을 뜻한다. 통치 받는 사람이라는 뜻과 국가와 사회의 주인이라는 뜻이 함께 담긴 민중은 역동적인 개념이다.

정보혁명 시대의 민중은 정보 홍수 속에서 '가장 멍청한 세대'로 불릴 만큼 윤똑똑이 될 가능성과 '자기 통치'라는 민주주의 이상을 실현할 주권자 될 가능성, 허슬러와 프로테스터의 '잠재력'을 모두 지니고 있다. 21세기는 민중인 네티즌의 힘 못지않게 자본의 힘 또한 역사상 그 어느 때보다 커진 시대이기에 더욱 그렇다. 정보혁명으로 자본주의는 '금융의 세계화'를 이루고 신자유주의 체제를 지구적 질서로 보편화 했다. 정보혁명은 자본에게도 민중에게도 '무기'인 셈이다.

2,500년에 걸쳐 새 길을 연 사람들을 짚어 보았듯이, 인류는 오랜 세월에 걸쳐 모든 사람이 자유롭고 평등하게 자아를 실현하는 세상을 꿈꿔 왔다. 하지만 우리는 아직 그 세상에 이르지 못했다. 21세기를 맞은 오늘, 그곳에 이르는 길도 20세기와 견주어 보면 또렷하지 않다. 창조적으로 새로운 길을 열어가야 할 이유다.

정보혁명의 무기를 든 민중, 네티즌 가운데 누군가 어딘가에서 지금 이 순간 새로운 길을 열어가고 있지 않을까. 아직은 사람들에게 널리 알려지지 않은, 새 길을 열어갈 마지막 주인공은 당신일지도 모른다. 상상력은 새 길의 산실이다.

— 네티즌이 새로운 사회의 주체가 될 수 있을까?

— 내가 걸어가고 싶은 삶은 무엇인가?

— 내가 걸어갈 삶에 바람직한 사회는 어떤 모습일까?

••••••• **더 읽어 볼 만한 책**

『가장 멍청한 세대』, 마크 바우어라인 저, 김선아 역, 인물과사상사, 2014

『미국은 왜 실패했는가』, 모리스 버먼 저, 김태언 · 김형수 역, 녹색평론사, 2015

『민중언론학의 논리』, 손석춘 저, 철수와영희, 2015

우리가
창조적으로 열어갈
새로운 세상은?

역사의 전제는 변화다. 인류사가 생생하게 증언하고 있듯이 인간의 삶에 고정불변의 질서는 없다. 지금 우리가 살고 있는 세상도 마찬가지다. 앞서 살았던 사람들이 열어온 세상에서 우리는 태어났다. 오늘을 살고 있는 사람들이 무엇을 어떻게 하느냐에 따라 인류사의 내일과 후손들의 삶은 사뭇 달라진다.

이 책에서 우리는 새로운 세상을 열어간 사람들의 삶과 사상을 톺아보았다. 그들이 있었기에 인류는 여기까지 왔다. 만일 그들이 새 길을 열어가지 않았다면, 역사는 어떻게 전개되었을까?

붓다가 작은 왕국의 왕으로 살아갔다면?

예수가 기존 유대교의 독실한 신자로 살았다면?

마르크스가 자기 가족을 먹여 살리려고 자본주의 연구를 접었다면?

니체가 기존 철학을 망치로 부수지 않았다면?

전봉준이 숱한 농민들처럼 인내하며 둥글둥글 살았다면?

아마도 세계사와 한국사는 다르게 전개되었을 터다. 그들이 열어간 세상에 많은 사람들이 동의함으로써 인류사의 방향은 변화해 왔다. 물론, 그들의 뜻이 온전히 구현된 것은 아니다. 더러는 현실에서 참담하게 실패했고 목숨까지 빼앗겼다. 하지만 말 그대로 '현실'에서 실패했을 뿐이다. 그들이 더는 이 세상 사람이 아닌 뒤에도 수많은 인류가 그 길을 걸었다.

들머리에서 나는 인생은 B와 D 사이에 있는 '창조(Creation)'라고 말했다. 차분히 짚어보자. 여기 당신의 인생이 있다. 생일과 기일 사이가 지상에 머무는 시간이다. 단도직입으로 묻겠다.

"당신은 무엇을 창조할 것인가?"

'창조'에 명성이나 부, 권력이 따라야 성공인 것은 아니다. 사적인 보기를 든다면, 가난한 민중의 아들과 딸로 식민지 조선에서 태어나 숱한 고생을 겪으며 애면글면 사랑을 온몸으로 가르쳐 주신 부모님의 인생에서 나는 민중의 사랑, 웅숭깊은 창조적 삶을 종종 새롭게 발견하고 있다.

무릇 삶의 세상은 다채롭다. 긴 역사적 안목으로 톺아보면 더 그렇다. 21세기를 살고 있는 우리는 이 책에서 만난 사람들이 온몸으로 열어간 세상에서 살고 있다. 이제 우리가 창조적인 삶으로 새로운 세상을 열어갈 때나. 그 세상이 시못 기대된다.

새 길을 연 사람들

―인류사에 창조적인 길을 개척하다

1판 1쇄 인쇄 2016년 2월 5일
1판 1쇄 발행 2016년 2월 20일

지은이   손석춘

펴낸이   한기호
책임편집   오선이
펴낸곳   어른의시간
출판등록   제2014-000331호(2014년 12월 11일)
주소   121-839 서울시 마포구 동교로 12안길 14(서교동) 삼성빌딩 A동 3층
전화   02-336-5675
팩스   02-337-5347
이메일   kpm@kpm21.co.kr
홈페이지   kpm@kpm21.co.kr
인쇄   예림인쇄 전화 031-901-6495 팩스 031-901-6479
총판   송인서적 전화 031-950-0900 팩스 031-950-0955

ISBN 979-11-954453-8-7 03100

이 도서의 국립중앙도서관 출판예정도서목록(CIP)은 서지정보유통지원시스템 홈페이지(http://seoji.nl.go.
kr)와 국가자료공동목록시스템(http://www.nl.go.kr/kolisnet)에서 이용하실 수 있습니다.(CIP제어번호:
CIP2016002298)

어른의시간은 한국출판마케팅연구소의 임프린트입니다.
책값은 뒤표지에 있습니다.